Lecture Corporelle Révélée
Maîtriser les Vérités, Dévoiler les Mensonges

Naomi Klein

Titre original : *Body Language Revealed - Controlling Truths, Uncovering Lies*

Copyright © 2025, publié par Luiz Antonio dos Santos ME.
Ce livre est une œuvre de non-fiction qui explore les principes et les applications de la communication non verbale. Grâce à une approche approfondie, l'auteure propose des outils pratiques pour interpréter le langage corporel, révéler les vérités cachées et améliorer la compréhension interpersonnelle.

1ère Édition
Équipe de Production
Autrice : Naomi Klein
Éditeur : Luiz Santos
Conception de la couverture : Studios Booklas / Camille Dorval
Consultant éditorial : Adrien Montreau
Chercheurs : Léonide Ferret / Myriam Dolin / Hugo Védrines
Mise en page : Florent Alvès
Traduction : Théo Malric

Publication et Identification
Lecture Corporelle Révélée
Booklas, 2025
Catégories : Psychologie / Développement personnel
DDC : 153.69 — Langage corporel, communication non verbale
CDU : 159.923.2 — Perception, communication non verbale

Tous droits réservés à :
Luiz Antonio dos Santos ME / Booklas
Aucune partie de ce livre ne peut être reproduite, stockée dans un système de récupération ou transmise sous quelque forme ou par quelque moyen — électronique, mécanique, photocopie, enregistrement ou autre — sans l'autorisation préalable et écrite du détenteur des droits d'auteur.

Sommaire

Index Systématique 5
Prologue 9
Chapitre 1 Communication Silencieuse 13
Chapitre 2 Observation Active 19
Chapitre 3 Importance du Contexte 24
Chapitre 4 Posture Corporelle 29
Chapitre 5 Gestes Communs 35
Chapitre 6 Expressions Faciales 40
Chapitre 7 Contact Visuel 46
Chapitre 8 Ton de Voix 52
Chapitre 9 Espace Personnel 58
Chapitre 10 Toucher Social 63
Chapitre 11 Communication Congruente 68
Chapitre 12 Ligne de Base 73
Chapitre 13 Différences Culturelles 79
Chapitre 14 Différences Individuelles 85
Chapitre 15 Technique du Miroir 92
Chapitre 16 Signaux Positifs 99
Chapitre 17 Signaux Négatifs 106
Chapitre 18 Émotions et Corps 113
Chapitre 19 Maîtrise de Soi Corporelle 120
Chapitre 20 Exprimer la Confiance 127
Chapitre 21 Influence Positive 134
Chapitre 22 Signes de Mensonge 141

Chapitre 23 Micro-expressions Faciales 147
Chapitre 24 Dissimulation et Occultation 153
Chapitre 25 Détection de Mensonges 159
Chapitre 26 Interprétation Prudente 165
Chapitre 27 Pratique Quotidienne 172
Chapitre 28 Vie Professionnelle 179
Chapitre 29 Vie Sociale 186
Chapitre 30 Langage du Leader 193
Chapitre 31 Croissance Continue 200
Épilogue 207

Index Systématique

Chapitre 1 : Communication Silencieuse - Introduit la communication non verbale, soulignant sa prédominance sur la communication verbale et son importance dans les interactions humaines.

Chapitre 2 : Observation Active - Décrit la nécessité d'observer activement pour capter les nuances du comportement non verbal et éviter les interprétations automatiques.

Chapitre 3 : Importance du Contexte - Souligne comment l'environnement, la culture et la situation sont cruciaux pour interpréter correctement le langage corporel.

Chapitre 4 : Posture Corporelle - Détaille comment la posture corporelle révèle l'état émotionnel, le niveau de confiance et les intentions d'une personne.

Chapitre 5 : Gestes Communs - Aborde la signification des gestes courants des mains et du corps, essentiels dans la communication non verbale.

Chapitre 6 : Expressions Faciales - Explore les expressions faciales comme des reflets puissants et universels des émotions humaines.

Chapitre 7 : Contact Visuel - Analyse comment le contact visuel communique l'intérêt, la confiance, le malaise ou les intentions dans une interaction.

Chapitre 8 : Ton de Voix - Discute comment le ton, le volume et le rythme de la voix transmettent des émotions et des intentions au-delà des mots.

Chapitre 9 : Espace Personnel - Explique la proxémique et comment la distance interpersonnelle communique les niveaux d'intimité et de confort.

Chapitre 10 : Toucher Social - Examine l'impact du toucher social, comme les poignées de main et les étreintes, dans la communication et les relations.

Chapitre 11 : Communication Congruente - Présente les micro-expressions comme des éclairs faciaux involontaires révélant de vraies émotions, abordant l'importance de la congruence entre les signaux verbaux et non verbaux.

Chapitre 12 : Ligne de Base - Introduit le concept de ligne de base comportementale comme référence pour identifier les déviations significatives dans le langage corporel.

Chapitre 13 : Différences Culturelles - Souligne comment les normes culturelles modifient radicalement l'interprétation des signaux non verbaux globaux.

Chapitre 14 : Différences Individuelles - Montre comment des facteurs tels que la personnalité, le genre et l'âge créent des styles uniques de communication non verbale.

Chapitre 15 : Technique du Miroir - Explique le miroir (isopraxie) comme signe de syntonie et technique pour construire la connexion et l'empathie.

Chapitre 16 : Signaux Positifs - Oriente sur comment identifier les signaux non verbaux d'ouverture, d'intérêt, d'accord et de confort dans les interactions.

Chapitre 17 : Signaux Négatifs - Détaille les signaux corporels qui indiquent l'inconfort, le désintérêt, l'irritation ou la fermeture émotionnelle.

Chapitre 18 : Émotions et Corps - Explore la connexion directe entre des émotions spécifiques et leurs manifestations physiques dans le langage corporel.

Chapitre 19 : Maîtrise de Soi Corporelle - Enseigne l'importance de la conscience de soi et du contrôle de son propre langage corporel pour transmettre le message souhaité.

Chapitre 20 : Exprimer la Confiance - Offre des techniques non verbales spécifiques pour projeter la confiance, la sécurité et l'assertivité.

Chapitre 21 : Influence Positive - Décrit comment utiliser le langage corporel de manière éthique pour construire le rapport, la confiance et influencer positivement.

Chapitre 22 : Signes de Mensonge - Présente les indicateurs non verbaux et comportementaux qui peuvent suggérer des incohérences ou des tentatives de tromperie.

Chapitre 23 : Micro-expressions Faciales - Approfondit l'analyse des micro-expressions comme révélatrices rapides et involontaires d'émotions authentiques.

Chapitre 24 : Dissimulation et Occultation - Examine les formes subtiles de cacher la vérité par l'omission et l'ambiguïté, plutôt que par des mensonges directs.

Chapitre 25 : Détection de Mensonges - Synthétise les techniques d'observation pour identifier la dissimulation, en se concentrant sur l'analyse de multiples signaux et le contexte.

Chapitre 26 : Interprétation Prudente - Met en garde contre les risques d'interprétations hâtives, renforçant la nécessité de la prudence, du contexte et de l'analyse de la ligne de base.

Chapitre 27 : Pratique Quotidienne - Suggère des méthodes pour pratiquer et affiner continuellement les compétences de lecture corporelle au quotidien.

Chapitre 28 : Vie Professionnelle - Applique les principes du langage corporel à l'environnement professionnel, abordant le leadership, les négociations et les entretiens.

Chapitre 29 : Vie Sociale - Se concentre sur le rôle du langage corporel dans les relations personnelles et les interactions sociales, visant des connexions plus authentiques.

Chapitre 30 : Langage du Leader - Détaille les modèles de communication non verbale que les leaders efficaces utilisent pour inspirer, connecter et guider leurs équipes.

Chapitre 31 : Croissance Continue - Renforce que la maîtrise de la lecture corporelle est un voyage continu d'apprentissage, de pratique et d'adaptation.

Prologue

Il existe un langage secret, parlé par tous, compris par peu et négligé par la majorité. Un langage qui précède la parole, traverse les cultures, transcende les frontières et révèle plus que n'importe quel discours ne pourrait exprimer. Un langage que vous maîtrisez déjà — même sans le savoir — et auquel, à partir de ce moment, vous pourrez accéder consciemment, transformant radicalement la manière dont vous percevez le monde et vous connectez avec les personnes qui vous entourent.

Vous êtes sur le point d'entamer un voyage silencieux — mais assourdissant par ses révélations. Une plongée profonde dans une sagesse ancestrale oubliée et, en même temps, étayée par des découvertes modernes et des preuves scientifiques. Ce livre n'est pas seulement une lecture : c'est un miroir. Un miroir qui reflète ce que beaucoup tentent de cacher, qui révèle ce que le langage dissimule et qui met à nu les intentions avec une précision presque inquiétante.

En tournant les prochaines pages, vous découvrirez que le corps ne ment jamais. Que chaque geste, chaque micro-expression, chaque inclinaison subtile, chaque silence et même l'espace que nous occupons à côté de quelqu'un, est une confession non verbale — une vérité brute et irrépressible qui crie pour qui sait être attentif.

Permettez-vous d'accéder à un nouveau niveau de perception. Ce contenu éveille en vous une capacité presque oubliée, endormie sous des couches de distractions quotidiennes. Ici, vous serez invité à observer le monde tel qu'il est réellement — non pas comme les mots disent qu'il est.

Ressentez la pulsation des sous-entendus dans le regard d'un inconnu. Déchiffrez le véritable sentiment derrière un sourire apparemment cordial. Reconnaissez la présence de la peur, de la confiance, du désir, de la colère ou de la tromperie avant même qu'aucun son ne soit émis. Ce n'est pas de l'intuition magique ; c'est la science alliée à la sensibilité. C'est une connaissance affinée, soigneusement structurée pour que toute personne, avec de la pratique et de l'attention, puisse devenir fluide dans le langage caché du corps humain.

Chaque chapitre de ce livre a été construit sur la base d'observations réelles, d'études comportementales, d'analyses interculturelles et de pratiques quotidiennes d'interaction humaine. Mais plus que de la théorie, ce que vous trouverez ici, ce sont des clés — des clés qui déverrouillent des portes intérieures, qui ouvrent des passages vers des connexions plus authentiques, des influences plus efficaces et des décisions plus conscientes.

En maîtrisant cette lecture silencieuse, vous deviendrez plus qu'un observateur attentif. Vous deviendrez un stratège de la présence. Quelqu'un qui comprend ce qui n'a pas été dit, qui ressent ce qui n'a pas été montré, qui perçoit avant même que la conscience de l'autre ne capte sa propre émotion. Ce n'est pas seulement du pouvoir — c'est de la responsabilité.

Préparez-vous à reconnaître les signes de mensonge avec une clarté déconcertante. À identifier qui est en phase avec vous, qui est mal à l'aise, qui essaie de manipuler, de cacher ou de dissimuler. Mais préparez-vous aussi à vous voir vous-même. Car en apprenant à lire l'autre, inévitablement vous apprendrez à vous lire. Et c'est peut-être la plus puissante de toutes les révélations contenues dans ce livre.

Vous apprendrez, par exemple, que votre propre corps peut être modelé pour exprimer la confiance même dans les moments de doute. Que votre posture peut influencer votre état émotionnel et que de petits ajustements dans votre langage corporel peuvent redéfinir la façon dont le monde vous perçoit. La communication non verbale ne concerne pas seulement les autres — c'est aussi un portail d'auto-transformation.

Ce livre est comme une carte. Une carte pour ceux qui souhaitent naviguer dans des territoires complexes tels que les relations, les négociations, les entretiens, le leadership, les conversations difficiles et même les silences embarrassants. C'est une boussole pour ceux qui refusent d'être trompés par des mots répétés ou des gestes artificiels. C'est un phare pour ceux qui veulent éclairer les intentions humaines les plus profondes, y compris les leurs.

Ne vous y trompez pas : à la fin de ce voyage, vous ne serez plus le même. Vos yeux verront au-delà de la surface. Votre écoute deviendra plus attentive. Vos relations gagneront un nouveau niveau de profondeur. Mais surtout, votre compréhension de la vérité — de votre vérité et de la vérité d'autrui — sera élargie comme jamais auparavant.

C'est l'invitation que je vous fais : découvrez ce qui se trouve au-delà de l'évidence, éveillez une nouvelle façon de voir le monde et permettez-vous de plonger dans une lecture qui non seulement informe, mais transforme.

Luiz Santos Éditeur

Chapitre 1
Communication Silencieuse

La communication non verbale joue un rôle essentiel dans la façon dont nous nous connectons, interprétons les intentions et comprenons les messages cachés dans le comportement humain. Lorsque nous parlons de langage corporel, nous faisons référence à un système complexe de signes qui va au-delà des mots et se manifeste par les expressions faciales, les gestes, la posture, le mouvement des yeux, le ton de la voix et même la façon dont une personne se positionne dans un environnement.

Des études montrent qu'environ 55 % de la communication humaine se fait par les expressions faciales et les gestes, 38 % sont liés au ton de la voix et seulement 7 % correspondent aux mots proprement dits. Cela signifie que, souvent, les informations les plus authentiques et significatives ne sont pas transmises par la parole, mais par les signes subtils du corps. La capacité à interpréter cette communication silencieuse améliore non seulement notre façon d'interagir socialement, mais élargit également notre perception de la vérité derrière les mots prononcés.

Dès le moment où nous rencontrons quelqu'un, notre esprit capte et traite divers stimuli non verbaux qui nous aident à former des impressions instantanées sur la personne. Ces signes sont perçus souvent de manière inconsciente, mais exercent une grande influence sur nos décisions et nos sentiments envers l'autre. Le premier contact visuel, l'inclinaison du corps, la rigidité des épaules et même le rythme de la respiration révèlent des aspects fondamentaux de l'état émotionnel et des intentions d'un individu.

Les experts en comportement humain analysent la communication non verbale comme un ensemble de codes qui peuvent être déchiffrés lorsqu'ils sont observés de manière systématique et contextualisée. Il ne s'agit pas seulement d'identifier un geste isolé et de lui attribuer une signification fixe, mais de comprendre la congruence entre plusieurs signes, d'évaluer le contexte de l'interaction et de percevoir s'il existe une harmonie entre les mots prononcés et le comportement manifesté. Lorsqu'il y a une divergence entre ce qui est dit et ce qui est exprimé par le corps, la tendance est que le corps révèle la véritable intention.

La posture corporelle est l'un des premiers aspects observés dans toute interaction. Les personnes qui s'assoient ou se tiennent debout avec une posture droite mais détendue transmettent confiance en soi et réceptivité. En revanche, une posture recroquevillée ou courbée peut indiquer l'insécurité, l'inconfort ou le désintérêt. De petits ajustements dans la manière de positionner le corps peuvent modifier significativement la perception que les autres ont de quelqu'un.

Les gestes jouent un rôle fondamental dans la communication silencieuse, complétant et soulignant les mots prononcés. Les mouvements de mains ouverts et tournés vers le haut indiquent généralement la sincérité et l'ouverture, tandis que les gestes fermés et rétractés peuvent suggérer une résistance ou un manque de transparence. De plus, des gestes excessivement contrôlés ou forcés peuvent être perçus comme des signes de nervosité ou une tentative de dissimuler des informations.

Les expressions faciales sont l'une des formes les plus puissantes de communication non verbale, car elles reflètent les émotions de manière involontaire et spontanée. Le visage humain possède un réseau complexe de muscles qui permet la manifestation de sentiments authentiques. Le mouvement des sourcils, la contraction des muscles autour de la bouche et la tension sur le front sont des indicateurs précieux des émotions sous-jacentes à une interaction. Un sourire sincère, par exemple, implique non seulement les lèvres, mais aussi les muscles autour des yeux, tandis qu'un faux sourire peut être identifié par l'absence de cette activation musculaire.

Un autre élément essentiel de la communication silencieuse est le contact visuel. Les yeux sont souvent appelés le "miroir de l'âme" pour leur capacité à révéler les sentiments et les intentions. Maintenir un contact visuel ferme et équilibré démontre l'intérêt et la sécurité, tandis qu'éviter de regarder directement peut indiquer la timidité, l'inconfort ou même la tromperie. Cependant, il est important de considérer les différences culturelles et individuelles, car certaines personnes peuvent détourner le regard dans le cadre de leur comportement naturel.

L'espace personnel communique également des messages importants sur le niveau de confort et la relation entre les interlocuteurs. La proximité physique entre deux personnes peut indiquer l'intimité et la confiance, tandis que le maintien d'une distance plus grande peut suggérer la formalité ou la réserve. La variation de la distance interpersonnelle est influencée par des facteurs culturels et sociaux, et respecter ces limites est fondamental pour établir une communication efficace et respectueuse.

Le ton de la voix et le rythme de la parole sont des aspects souvent négligés dans la communication non verbale, mais ils exercent un grand impact sur la façon dont un message est reçu. Un ton de voix calme et posé peut transmettre la tranquillité et la crédibilité, tandis qu'une parole accélérée et avec des variations brusques peut indiquer l'anxiété ou la nervosité. La manière dont les mots sont articulés et l'utilisation de pauses stratégiques contribuent également à la clarté et à la persuasion du discours.

Tout au long de ce livre, nous explorerons en profondeur chacun de ces éléments du langage corporel, en enseignant comment identifier les schémas comportementaux, interpréter les gestes et les expressions faciales, et appliquer ces connaissances au quotidien pour améliorer la communication interpersonnelle. La maîtrise de la communication silencieuse permet non seulement de mieux comprendre les autres, mais aussi d'améliorer sa propre façon de s'exprimer, rendant les interactions plus authentiques et efficaces.

La communication non verbale n'est pas seulement un complément à la parole, mais souvent le principal véhicule pour transmettre des émotions et des intentions authentiques. Le défi consiste à développer la sensibilité nécessaire pour interpréter ces signes de manière précise, sans tomber dans des généralisations hâtives. Chaque geste, regard ou posture doit être analysé conjointement avec d'autres éléments du contexte, en tenant compte de variables telles que la culture, la personnalité et les circonstances spécifiques de l'interaction. Lorsque cette lecture est faite avec attention et discernement, il devient possible d'accéder à des couches plus profondes de la communication humaine, souvent inaccessibles par les mots.

En plus d'améliorer les interactions interpersonnelles, la compréhension du langage corporel a des implications directes dans divers domaines de la vie, des négociations et entretiens d'embauche aux relations personnelles et au leadership. Les personnes qui maîtrisent la communication silencieuse parviennent à transmettre confiance, empathie et authenticité avec plus de facilité, établissant des connexions plus authentiques et efficaces. De même, cette compétence permet d'identifier les incongruités entre le discours et le comportement, favorisant une perception plus affinée des véritables intentions derrière les interactions.

En comprenant l'importance de la communication non verbale et son impact sur la construction des relations humaines, un chemin s'ouvre vers un dialogue plus conscient et significatif. Le corps parle spontanément, révélant des vérités que nous essayons souvent de cacher avec des mots. Apprendre à l'écouter et à l'interpréter avec précision est une étape essentielle pour développer une communication plus claire, empathique et puissante.

Chapitre 2
Observation Active

Observer activement est la clé pour comprendre précisément la communication non verbale. Souvent, les gens croient qu'ils prêtent déjà attention à ce qui se passe autour d'eux, mais la réalité est qu'une grande partie des interactions quotidiennes se déroule en pilote automatique. Le cerveau humain filtre une quantité immense d'informations à chaque seconde, ce qui fait que de nombreux détails importants passent inaperçus. Développer la capacité d'observation active signifie entraîner le regard à percevoir des nuances qui passaient auparavant inaperçues, faisant de la lecture corporelle un véritable outil pour interpréter les intentions et les émotions avec plus de clarté.

La première étape du processus consiste à ralentir la perception et à diriger l'attention vers les détails qui composent le comportement humain. Cela inclut l'observation de l'alignement corporel, de la synchronie entre les gestes et les mots, des micro-expressions faciales et même de la manière dont quelqu'un se déplace dans un environnement. Une bonne observation ne consiste pas seulement à regarder, mais à réellement voir.

Celui qui observe de manière active ne se contente pas d'enregistrer des informations visuelles, mais établit également des liens entre les signes perçus et le contexte de la situation. L'esprit humain a tendance à combler les lacunes avec des suppositions basées sur des expériences antérieures, ce qui peut conduire à des interprétations erronées si l'observation n'est pas menée avec précision. Pour éviter les biais, il est fondamental de développer une approche exempte de jugements hâtifs. L'observation active exige de maintenir la neutralité, permettant aux signes non verbaux de parler d'eux-mêmes avant de leur attribuer une signification définitive. Une personne peut sembler nerveuse parce qu'elle ment, mais elle peut aussi manifester les mêmes signes parce qu'elle est sous pression ou anxieuse dans une situation donnée.

L'observation active implique le concept de ligne de base, qui correspond au comportement naturel d'un individu lorsqu'il est détendu et sans influence de facteurs externes. Avant d'interpréter des changements dans le langage corporel, il est essentiel de savoir comment la personne se comporte normalement. Cela signifie observer les schémas de posture, les gestes récurrents, les expressions habituelles et même les schémas de parole. Ce n'est que lorsqu'on identifie un écart par rapport à ce comportement standard qu'il est possible d'inférer que quelque chose a changé et mérite donc une analyse plus approfondie.

L'environnement et la dynamique du contexte jouent également un rôle fondamental dans l'interprétation de la communication non verbale. La manière dont quelqu'un se comporte dans un environnement formel peut être différente de la façon dont il agit dans un contexte détendu. Le niveau de confort ou d'inconfort d'une personne peut se refléter dans la manière dont elle positionne son corps, dans le rythme de sa parole ou dans la direction de son regard. Un changement soudain de posture peut indiquer une réaction à quelque chose qui a été dit ou à un stimulus externe, et il appartient à l'observateur actif de percevoir cette transition et de comprendre ce qui a pu la provoquer.

L'écoute active complète l'observation active, car la communication non verbale ne se produit pas isolément de la communication verbale. Le ton de la voix, les pauses dans la parole et l'accent mis sur certains mots sont des indices importants qui aident à renforcer ou à contredire les messages exprimés par le corps. La synchronie entre ce qui est dit et la manière dont le corps se comporte est l'un des principaux indicateurs d'authenticité dans la communication. Lorsqu'il y a des incohérences, l'observateur attentif peut remarquer des signes d'inconfort ou d'hésitation.

La pratique continue est essentielle pour développer efficacement cette compétence. Entraîner le regard à capter les détails subtils demande de la patience et de la discipline, mais les résultats en valent la peine. Une manière efficace de pratiquer est d'observer les interactions dans des lieux publics, comme les cafés, les aéroports ou les réunions sociales, en analysant comment les gens s'expriment sans avoir besoin d'entendre leurs conversations. Cela permet d'entraîner la perception des gestes, des expressions faciales et de la posture sans l'interférence du contenu verbal.

Un autre exercice précieux consiste à regarder des vidéos d'interviews et de discours sans le son, en essayant d'interpréter les émotions et les intentions des participants uniquement sur la base de leur langage corporel. Ensuite, en activant l'audio, on peut vérifier si la perception initiale était correcte ou s'il y a eu quelque chose qui est passé inaperçu. Ce type de pratique aide à affiner la sensibilité pour capter les signes non verbaux avec plus de précision.

Observer activement ne signifie pas seulement percevoir les signes des autres, mais aussi devenir plus conscient de son propre langage corporel. Souvent, les gens ne réalisent pas comment leurs propres gestes et postures influencent la manière dont ils sont interprétés par les autres. Développer cette perception permet des ajustements conscients pour projeter une image plus alignée avec l'intention communicative.

La véritable maîtrise de l'observation active ne réside pas seulement dans la capture de signes isolés, mais dans la connexion holistique des points, en considérant l'ensemble complet des éléments présents dans une interaction. Un regard détourné peut indiquer un désintérêt, mais peut aussi refléter la timidité ou une réflexion profonde. Croiser les bras peut signaler une résistance, mais peut aussi être simplement une position confortable pour l'individu. C'est pourquoi l'observateur attentif ne se limite pas aux interprétations superficielles, mais cherche à comprendre la cohérence entre les gestes, les expressions et le contexte, transformant l'observation en un puissant outil de compréhension interpersonnelle.

De plus, l'observation active va au-delà de la simple reconnaissance de schémas et devient un différentiel significatif dans la manière dont nous nous lions aux autres. En améliorant cette compétence, nous développons une plus grande empathie et une meilleure perception des besoins d'autrui, étant capables d'ajuster notre propre communication pour créer des interactions plus fluides et efficaces. Ce niveau d'attention nous permet d'anticiper les réactions, de comprendre les émotions non verbalisées et même d'éviter des conflits inutiles. De cette manière, l'observation cesse d'être un processus passif et se transforme en un mécanisme stratégique de connexion et d'influence.

Le développement de cette capacité ne se fait pas instantanément, mais par la pratique consciente et l'affinement continu de la perception. Plus nous entraînons notre attention aux détails subtils de la communication humaine, plus notre compréhension du comportement des personnes qui nous entourent devient précise. Au final, l'observation active n'est pas seulement une technique, mais une véritable invitation à voir le monde sous une nouvelle perspective, où chaque geste, regard et posture raconte une histoire qui mérite d'être entendue.

Chapitre 3
Importance du Contexte

Interpréter correctement le langage corporel exige plus que la simple reconnaissance de gestes et d'expressions isolés. Le contexte dans lequel ces signes se produisent joue un rôle fondamental dans l'analyse de la communication non verbale. Sans tenir compte de l'environnement, des circonstances et de l'état émotionnel de l'individu, on court le risque d'interpréter à tort les signes observés. L'importance du contexte est l'un des principes essentiels pour une lecture corporelle efficace et doit être comprise avant toute analyse.

Le premier facteur à considérer dans le contexte de la communication non verbale est l'environnement. La manière dont une personne se comporte sur son lieu de travail peut être complètement différente de la façon dont elle agit lors d'une réunion entre amis. Le même geste peut avoir des significations distinctes selon le scénario. Croiser les bras dans une conversation informelle peut indiquer simplement de la détente, tandis que dans une discussion animée, cela peut signaler une résistance ou une fermeture émotionnelle. De même, un sourire peut être un geste amical et authentique ou simplement un reflet social de politesse sans implication émotionnelle réelle.

La culture influence également fortement la manière dont le langage corporel se manifeste et est interprété. Des gestes considérés comme positifs dans une culture peuvent être offensants dans une autre. Par exemple, le signe "ok" fait avec le pouce et l'index formant un cercle peut signifier l'approbation dans certaines régions, mais dans certains pays, il peut être interprété de manière négative. La même règle s'applique au contact visuel. Dans certaines cultures occidentales, maintenir un regard ferme est un signe de confiance et de respect, tandis que dans d'autres, éviter le contact visuel peut être un geste d'humilité ou de respect de la hiérarchie.

Un autre facteur qui affecte la lecture corporelle est l'état émotionnel de la personne observée. Quand quelqu'un est sous stress, anxieux ou fatigué, son langage corporel peut présenter des signes qui, dans d'autres circonstances, pourraient être interprétés de manière erronée. Une personne agitée, bougeant constamment les pieds ou se frottant les mains, peut simplement être nerveuse en raison d'un environnement inconnu et pas nécessairement cacher quelque chose ou mentir. De même, le manque de contact visuel peut ne pas être un signe de dissimulation, mais plutôt de timidité ou d'inconfort social.

La relation entre les personnes impliquées affecte également l'interprétation du langage corporel. Deux personnes qui ont un lien étroit affichent généralement des postures plus détendues et des gestes de confiance mutuelle, comme des inclinaisons subtiles du corps et un contact visuel prolongé. D'un autre côté, dans les interactions formelles ou avec une hiérarchie établie, le langage corporel tend à être plus contenu et contrôlé. La position de pouvoir au sein d'une interaction peut également influencer les gestes observés. Quelqu'un en position de leadership peut manifester plus de gestes expansifs et de postures ouvertes, tandis que les subordonnés peuvent adopter des postures plus fermées et des gestes discrets.

Les circonstances momentanées et les facteurs externes doivent être pris en compte avant d'attribuer une signification définitive à un geste ou une expression quelconque. Par exemple, une personne peut sembler tendue et renfermée parce qu'elle fait face à un problème personnel, et non parce qu'elle est mal à l'aise avec la conversation. De même, un changement soudain de posture peut n'être qu'une tentative de soulager une gêne physique, et non une réaction émotionnelle. L'observateur attentif doit être conscient de ces variables et rechercher des schémas cohérents avant de faire une interprétation.

Pour rendre l'analyse du langage corporel plus précise, il est important d'identifier la ligne de base du comportement de chaque personne. Chaque individu a son propre ensemble de gestes et d'expressions qu'il réalise naturellement. Avant d'interpréter un changement de comportement comme un signe significatif, il est nécessaire d'avoir une référence de la manière dont cette personne agit normalement. Une modification brusque de son langage corporel peut indiquer que quelque chose a changé, mais sans la ligne de base, ce changement peut être interprété à tort.

La synchronie entre la communication verbale et non verbale doit également être évaluée dans le contexte d'une interaction. Lorsqu'il y a cohérence entre les mots prononcés et les gestes observés, le message devient plus clair et fiable. Cependant, lorsqu'il y a une divergence entre ce qui est dit et ce qui est démontré par le corps, cette incongruité peut indiquer des sentiments cachés ou un manque de sincérité. Un sourire accompagné d'yeux tendus et d'épaules rentrées peut ne pas être un signe authentique de bonheur, mais plutôt une tentative de cacher l'inconfort ou l'anxiété.

L'application de ces connaissances au quotidien permet d'affiner et de rendre plus utile la lecture corporelle. Dans les interactions sociales, tenir compte du contexte aide à éviter les malentendus et les jugements hâtifs. Dans les environnements professionnels, l'analyse contextuelle de la communication non verbale peut aider à interpréter des réactions subtiles, améliorant la prise de décision et la gestion des relations interpersonnelles. Dans les situations de négociation, comprendre l'impact du contexte peut fournir des aperçus précieux sur l'état émotionnel et les intentions de l'autre partie.

L'analyse efficace du langage corporel exige non seulement de la sensibilité pour capter les signes, mais aussi du discernement pour les interpréter de manière contextualisée. Un geste isolé ne peut être pris comme une preuve absolue d'un état émotionnel ou d'une intention ; il est nécessaire de considérer la somme des éléments environnants. La posture corporelle, le ton de la voix et les expressions faciales ne peuvent être pleinement compris que lorsqu'ils sont analysés dans l'environnement où ils se produisent. De cette manière, la lecture de la communication non verbale se transforme en un outil précis et sophistiqué, permettant des interprétations plus fidèles à la réalité.

De plus, l'attention au contexte offre un avantage significatif dans la construction d'interactions plus authentiques et efficaces. Quand on comprend qu'un comportement peut varier selon la culture, l'environnement ou l'état émotionnel de l'individu, on évite les conclusions hâtives et les jugements erronés. Cette approche favorise une communication plus empathique et stratégique, car elle permet d'ajuster son propre langage corporel pour créer un environnement de plus grande syntonie et connexion. La maîtrise de ces connaissances se reflète tant dans la vie personnelle que dans l'environnement professionnel, élargissant la capacité à établir des relations et à influencer positivement les autres.

En reconnaissant l'importance du contexte dans la lecture du langage corporel, un nouvel horizon s'ouvre dans la manière de comprendre le comportement humain. Chaque geste, regard ou expression porte des significations qui vont au-delà de la surface, et la capacité à interpréter ces signes avec précision devient un différentiel précieux. Le véritable pouvoir de la communication non verbale ne réside pas seulement dans la perception des signes, mais dans la capacité à les analyser dans le cadre approprié, transformant l'observation en un puissant outil de compréhension et de connexion.

Chapitre 4
Posture Corporelle

La posture corporelle est l'un des aspects les plus révélateurs de la communication non verbale. La façon dont une personne se positionne, la manière dont elle répartit le poids de son corps et l'orientation de ses épaules et de sa tête transmettent des messages clairs sur son état émotionnel, son niveau de confiance et son intention dans l'interaction. Contrairement aux gestes et aux micro-expressions, qui peuvent être fugaces, la posture est une manifestation continue et offre donc des informations précieuses à qui sait l'observer correctement.

La première caractéristique essentielle à analyser dans la posture corporelle est l'alignement du corps. Une posture droite mais détendue indique confiance, sécurité et réceptivité. Quand quelqu'un se tient debout ou assis avec la colonne vertébrale alignée, les épaules légèrement en arrière et la tête haute, il transmet une image d'autorité et de maîtrise de soi. Ce type de posture est fréquemment adopté par les leaders et les personnes qui souhaitent démontrer crédibilité et maîtrise de la situation.

D'un autre côté, une posture recroquevillée, avec les épaules tombantes et la tête inclinée vers le bas, peut être un indicateur d'insécurité, de peur ou de soumission. Les personnes qui adoptent cette position essaient souvent d'éviter d'être remarquées, démontrant un comportement plus réservé ou inconfortable. Ce type de posture peut également refléter la tristesse ou la fatigue, il est donc important de la corréler avec d'autres signes non verbaux et avec le contexte de la situation.

La position des bras et des jambes joue également un rôle fondamental dans la communication non verbale. Croiser les bras peut être un geste défensif ou de fermeture émotionnelle, surtout s'il est combiné à un visage tendu et une posture rigide. Cependant, ce geste peut aussi être simplement une habitude ou une forme de confort. Il est important d'analyser si la personne maintient cette posture pendant de longues périodes ou si elle la croise momentanément en réponse à un stimulus spécifique.

Garder les bras détendus le long du corps, avec les mains visibles, est un signe d'ouverture et de disposition à interagir. Ce type de posture suggère que la personne est détendue et accessible, ce qui facilite la construction du rapport dans une conversation. De même, des gestes légers avec les mains pendant la parole aident à renforcer le message transmis, rendant la communication plus expressive et dynamique.

La position des jambes et des pieds peut fournir des indices importants sur l'état émotionnel et les intentions d'une personne. Quand quelqu'un se tient avec les pieds bien appuyés au sol et une répartition équilibrée du poids du corps, cela suggère stabilité et confiance. En revanche, balancer constamment les jambes ou changer de position de manière répétée peut indiquer de l'anxiété ou de l'impatience.

Un détail intéressant est la direction vers laquelle les pieds sont pointés. Dans les interactions sociales, les pieds s'orientent généralement vers la personne qui suscite le plus d'intérêt. Si, pendant une conversation, les pieds de quelqu'un sont pointés vers la sortie ou vers une autre personne, cela peut indiquer un désir inconscient de mettre fin à l'interaction ou de changer de focus.

L'inclinaison du corps est également un indicateur puissant d'intérêt ou de désintérêt. Quand une personne s'incline légèrement vers l'avant en écoutant quelqu'un, elle démontre implication et attention. Ce type de posture est courant dans les conversations animées et les interactions où il existe une connexion authentique entre les participants. D'un autre côté, lorsque le corps s'incline vers l'arrière, cela peut être un signe de distanciation émotionnelle ou d'inconfort avec le sujet abordé. L'inclinaison sur les côtés, surtout si elle est accompagnée d'un regard détourné, peut suggérer l'ennui ou le désintérêt.

Outre les aspects individuels de la posture, il est important d'analyser comment elle s'ajuste à l'environnement et au contexte de l'interaction. Lors d'une réunion d'affaires, par exemple, une posture ferme et bien positionnée peut indiquer professionnalisme et confiance. Dans un environnement plus détendu, la posture tend à être plus relaxée et informelle. Quelqu'un qui maintient une posture très rigide dans une situation qui exige de la flexibilité peut être perçu comme tendu ou inflexible, tandis qu'une posture excessivement détendue dans un contexte formel peut transmettre un manque d'engagement.

Un autre facteur pertinent dans la lecture de la posture corporelle est la synchronie entre la posture et les autres signes non verbaux. Si quelqu'un démontre verbalement de l'enthousiasme, mais que sa posture est rétractée et tendue, il y a une incongruité qui peut indiquer que l'enthousiasme n'est pas authentique. D'un autre côté, lorsque la posture est alignée avec le discours, le message transmis devient plus cohérent et persuasif. La congruence entre posture et parole renforce la crédibilité et facilite l'interprétation de l'intention derrière les mots.

L'impact de la posture corporelle ne se limite pas à la façon dont les autres nous perçoivent, mais influence également la manière dont nous nous sentons intérieurement. Des études suggèrent que l'adoption d'une posture confiante peut avoir un impact sur la physiologie du corps, réduisant les niveaux de cortisol (hormone du stress) et augmentant la testostérone, associée à la sensation de pouvoir et de contrôle. Cela signifie qu'ajuster consciemment la posture peut aider à renforcer les sentiments de sécurité et de maîtrise d'une situation. Des pratiques comme maintenir les épaules alignées, la tête haute et occuper l'espace environnant sans rétraction peuvent contribuer à un état mental plus positif et assertif.

Pour développer une perception plus aiguë de la posture corporelle, il est recommandé de pratiquer l'auto-observation et d'observer les schémas chez d'autres personnes. Noter comment la posture change dans différentes circonstances et comment elle affecte la dynamique de l'interaction peut fournir des aperçus précieux sur la communication non verbale. De plus, ajuster consciemment sa propre posture peut améliorer la façon dont nous sommes perçus par les autres et même influencer notre propre comportement et état émotionnel.

La posture corporelle, en plus d'être un reflet de l'état émotionnel et de l'intention communicative, joue un rôle dynamique dans l'interaction sociale. De petits ajustements peuvent modifier significativement la façon dont une personne est perçue et la manière dont elle se sent dans une situation donnée. Être attentif à ces subtilités permet non seulement de mieux interpréter les autres, mais aussi d'utiliser sa propre posture comme un outil stratégique pour transmettre confiance, accessibilité ou autorité. Le corps, en soi, raconte une histoire, et il appartient à l'observateur entraîné d'apprendre à la déchiffrer sans dépendre exclusivement des mots.

En comprenant les signes transmis par la posture, il est possible d'améliorer la communication interpersonnelle dans divers domaines de la vie. Dans l'environnement professionnel, une posture ferme et alignée peut être décisive pour donner une impression de compétence et de leadership. Dans les contextes sociaux, ajuster la position du corps en fonction du niveau de confort et d'engagement souhaité peut faciliter des connexions plus authentiques. L'équilibre entre expressivité et contrôle corporel est essentiel pour créer une présence qui inspire respect et crédibilité, sans paraître forcée ou artificielle.

Ainsi, l'étude de la posture corporelle va au-delà de la simple observation passive et devient un outil précieux pour la connaissance de soi et l'interaction humaine. En développant la conscience de son propre langage corporel et de celui des autres, nous élargissons notre capacité à nous exprimer de manière claire et efficace. Le corps communique toujours, et apprendre à utiliser cette ressource de manière intentionnelle ouvre la voie à des interactions plus assertives et percutantes, où les messages sont transmis avec authenticité et puissance.

Chapitre 5
Gestes Communs

Les gestes jouent un rôle fondamental dans la communication non verbale, complétant et, souvent, remplaçant les mots. Ce sont des mouvements expressifs des mains, des bras, de la tête et d'autres parties du corps qui transmettent des émotions, des intentions et renforcent des significations. Certaines cultures possèdent des gestes spécifiques avec des significations particulières, tandis que d'autres partagent des gestes universels qui peuvent être compris indépendamment de la langue parlée. Comprendre ces signes est essentiel pour interpréter correctement les messages que les personnes transmettent inconsciemment.

Parmi les gestes les plus courants dans la communication humaine, se distinguent ceux qui expriment la sincérité, l'ouverture et l'intérêt. Les gestes avec les mains ouvertes et tournées vers le haut, par exemple, indiquent souvent l'honnêteté et la disposition à partager des informations. C'est un signe classique utilisé inconsciemment par les personnes qui souhaitent démontrer de la transparence. D'un autre côté, les mains fermées, cachées dans les poches ou maintenues derrière le dos peuvent indiquer des réserves, de l'insécurité ou une tentative de cacher quelque chose.

Le mouvement des mains en parlant est un autre aspect important à observer. Certaines personnes gesticulent naturellement en communiquant, et ce type de comportement est fréquemment associé à des individus expressifs et confiants. Des gestes bien synchronisés avec la parole aident à souligner les points importants, rendant la communication plus engageante et claire. Lorsqu'il y a une absence totale de gesticulation, cela peut être un indicateur d'insécurité ou de tension. D'un autre côté, des gestes excessifs et désordonnés peuvent transmettre de la nervosité ou une tentative de manipulation du récit.

La poignée de main est l'un des gestes les plus symboliques et expressifs de la communication non verbale. Une poignée ferme et sûre indique la confiance, tandis qu'une poignée faible peut suggérer un manque d'enthousiasme ou d'insécurité. De même, une poignée de main excessivement forte peut être interprétée comme un signe de domination ou d'agressivité. La manière dont ce geste est réalisé peut avoir un impact significatif sur la première impression de quelqu'un, principalement dans des environnements formels et professionnels.

Un autre geste courant qui transmet l'implication et l'attention est le hochement de tête. Quand une personne hoche légèrement la tête en écoutant quelqu'un parler, elle signale qu'elle suit la conversation et comprend ce qui est dit. C'est un comportement largement observé dans les interactions sociales et professionnelles, étant un indicateur d'écoute active et de respect pour la communication de l'autre. Cependant, des hochements de tête excessifs peuvent être interprétés comme de l'impatience ou une tentative de terminer rapidement la conversation.

Le geste de pointer, lorsqu'il est effectué directement avec l'index, peut être perçu comme agressif ou autoritaire. Dans de nombreuses cultures, pointer directement une personne est considéré comme impoli, car cela peut transmettre une accusation ou une imposition. Une alternative plus amicale et respectueuse au pointage direct est l'utilisation de la main ouverte, qui adoucit l'intention et évite de créer un climat de confrontation.

Les expressions faciales peuvent également être considérées comme des gestes, car elles communiquent instantanément des émotions. Le fait de froncer les sourcils peut indiquer une préoccupation ou une confusion, tandis que lever momentanément les sourcils suggère la surprise ou la curiosité. Un sourire authentique, celui qui implique non seulement les lèvres mais aussi les muscles autour des yeux, est l'un des gestes les plus universels de sympathie et d'accueil. En revanche, un sourire forcé, où seules les lèvres bougent, peut indiquer un inconfort ou de la fausseté.

Les mains portées au visage pendant une conversation sont des gestes qui peuvent indiquer différents états émotionnels. Toucher légèrement le menton pendant que quelqu'un parle peut suggérer une réflexion ou une évaluation attentive de l'information reçue. Couvrir la bouche avec la main peut être un indicateur d'une tentative de dissimulation d'une opinion ou même un réflexe inconscient lorsque quelqu'un se sent mal à l'aise avec ce qu'il entend ou dit.

Les gestes répétitifs, comme toucher constamment les cheveux, manipuler des objets ou se frotter les mains, peuvent révéler des états d'anxiété ou de nervosité. Ces gestes sont connus sous le nom de manipulateurs ou pacificateurs, car ils aident la personne à soulager la tension interne. Bien qu'ils puissent être interprétés comme des signes d'inconfort, il est important de considérer le contexte et la ligne de base comportementale de la personne avant de tirer des conclusions hâtives.

Les gestes, en plus de transmettre des émotions et des intentions, jouent également un rôle important dans la construction de liens interpersonnels. La synchronie entre les gestes et les mots renforce la crédibilité de celui qui communique, tandis que les divergences entre ce qui est dit et ce qui est gesticulé peuvent générer de la méfiance. Par exemple, une personne qui affirme être calme, mais croise les bras et évite le contact visuel, peut en réalité transmettre de l'insécurité ou de l'inconfort. De cette manière, interpréter correctement les gestes nécessite non seulement de l'observation, mais aussi de la sensibilité pour comprendre le contexte et les schémas individuels de comportement.

De plus, les gestes peuvent varier selon la culture et la situation sociale, rendant essentielle la conscience interculturelle dans la communication. Un geste amical dans une société peut être interprété comme impoli ou offensant dans une autre. Le simple fait de signaler "ok" avec les doigts, par exemple, a des significations distinctes à travers le monde, pouvant représenter l'approbation dans certains pays et une insulte grave dans d'autres. Cette variation souligne l'importance non seulement de reconnaître les gestes courants, mais aussi de comprendre leurs nuances culturelles et de s'adapter de manière appropriée à différents contextes.

La communication non verbale, représentée par les gestes, est un outil puissant qui peut renforcer ou contredire ce qui est exprimé verbalement. Que ce soit pour démontrer de l'empathie, renforcer les liens ou éviter les malentendus, la maîtrise du langage corporel est un différentiel dans l'interaction humaine. En comprenant les gestes et en les utilisant de manière consciente, il est possible de transmettre des messages avec plus de clarté, d'établir des relations plus authentiques et de mieux interpréter les intentions des autres, enrichissant ainsi la communication de manière significative.

Chapitre 6
Expressions Faciales

Les expressions faciales sont l'un des éléments les plus riches et révélateurs de la communication non verbale. Le visage humain est composé de dizaines de muscles qui travaillent ensemble pour exprimer des émotions de manière spontanée et, souvent, inconsciente. La capacité à interpréter correctement ces expressions est essentielle pour comprendre l'état émotionnel d'une personne et décoder les intentions cachées qui peuvent ne pas être exprimées verbalement.

Les études de Paul Ekman sur les micro-expressions faciales ont démontré qu'il existe sept émotions universelles reconnues dans toutes les cultures : la joie, la tristesse, la colère, la peur, la surprise, le dégoût et le mépris. Chacune de ces émotions possède un ensemble caractéristique de mouvements musculaires qui apparaissent sur le visage et peuvent être identifiés indépendamment de l'origine culturelle de l'individu. Cette universalité de l'expression émotionnelle confirme que la lecture du langage facial peut être un outil puissant pour l'interprétation du comportement humain.

La joie, par exemple, s'exprime par un sourire authentique, qui implique à la fois les muscles autour de la bouche et ceux des yeux. Ce type de sourire, connu sous le nom de sourire de Duchenne, est sincère et reflète une véritable joie. Lorsqu'un sourire n'implique que les lèvres, sans la participation des muscles autour des yeux, cela peut indiquer que l'émotion exprimée n'est pas authentique. Ce détail peut être crucial pour détecter quand quelqu'un feint la sympathie ou essaie de masquer ses vrais sentiments.

La tristesse se manifeste par des sourcils arqués vers le haut, les coins de la bouche tournés vers le bas et un regard perdu ou sans éclat. Cette expression est facilement identifiable et se produit souvent involontairement, même lorsque quelqu'un essaie de cacher sa vulnérabilité. La lecture attentive de ces signes peut aider à percevoir quand quelqu'un souffre émotionnellement, même s'il dit verbalement aller bien.

La colère, quant à elle, s'exprime par des sourcils froncés, des yeux légèrement plissés et une tension dans les muscles de la mâchoire. La lèvre supérieure peut se relever subtilement, exposant les dents, un vestige évolutif associé à la préparation à l'attaque. Lorsque cette expression se produit rapidement et subtilement, elle peut indiquer une irritation momentanée, mais lorsqu'elle persiste, elle peut révéler un état émotionnel plus intense et potentiellement dangereux.

La peur est caractérisée par l'agrandissement des yeux, l'élévation des sourcils et les lèvres légèrement étirées vers l'arrière. Cette expression est directement liée à la réponse de lutte ou de fuite du corps humain et peut survenir face à des situations de menace réelle ou perçue. La peur authentique peut être différenciée d'une peur simulée par la vitesse à laquelle l'expression apparaît et disparaît sur le visage.

La surprise partage certaines caractéristiques avec la peur, comme l'agrandissement des yeux et l'élévation des sourcils, mais la principale différence réside dans la bouche, qui s'ouvre généralement de manière involontaire. La surprise tend à être une émotion de courte durée, remplacée rapidement par une autre expression au fur et à mesure que la personne traite l'événement inattendu.

Le dégoût se manifeste par le plissement du nez et l'élévation de la lèvre supérieure, comme si la personne réagissait à une odeur désagréable. Cette expression peut être observée aussi bien en réponse à des stimuli physiques qu'en réaction à des comportements ou des idées qu'une personne considère comme répulsifs.

Le mépris est une émotion unique, car c'est la seule des sept émotions universelles qui s'exprime de manière asymétrique sur le visage. Il se manifeste lorsqu'un seul côté de la bouche se soulève légèrement, transmettant une sensation de supériorité ou de dédain. Ce geste subtil peut indiquer un jugement ou un manque de respect dans une interaction et est l'un des signes les plus révélateurs d'arrogance ou de manque de considération pour une autre personne.

Outre ces expressions de base, il existe des micro-expressions qui durent des fractions de seconde et peuvent révéler des sentiments cachés avant que la personne n'ait le temps de les contrôler. Ces micro-expressions sont extrêmement difficiles à falsifier, car elles se produisent de manière involontaire. Des professionnels tels que les agents de sécurité, les psychologues et les négociateurs entraînent leurs compétences pour capter ces subtilités et mieux comprendre les intentions des personnes avec lesquelles ils interagissent.

La congruence entre les expressions faciales et le reste du langage corporel est également un facteur essentiel dans la lecture des émotions. Lorsqu'une personne verbalise un sentiment, mais que son expression faciale suggère quelque chose de différent, il peut y avoir une divergence qui mérite attention. Par exemple, si quelqu'un affirme être excité, mais que son expression faciale semble neutre ou tendue, cela peut indiquer que l'émotion exprimée verbalement ne correspond pas à ce que la personne ressent réellement.

Un autre point important est le contexte dans lequel l'expression faciale se produit. Le même geste peut avoir différentes interprétations selon la situation. Froncer les sourcils peut indiquer la concentration dans un environnement académique, mais dans un contexte social, cela peut signaler l'irritation ou la confusion. L'analyse précise des expressions faciales dépend donc de l'observation attentive de multiples facteurs simultanément.

La lecture des expressions faciales est une compétence qui peut être développée avec la pratique. Un exercice utile consiste à observer les visages de personnes sur des photographies ou des vidéos et à essayer d'identifier les émotions présentes avant de vérifier la légende ou le contexte de l'image. Une autre technique efficace est de regarder des films ou des interviews avec le son coupé, en se concentrant exclusivement sur les expressions des acteurs ou des interviewés pour comprendre leurs sentiments sur la base des seuls signes visuels.

Apprendre à interpréter les expressions faciales avec précision apporte de nombreux avantages, tant sur le plan personnel que professionnel. Dans les interactions sociales, cette compétence permet une communication plus empathique et assertive, aidant à percevoir les émotions que les mots peuvent cacher. Dans l'environnement de travail, la capacité à interpréter les micro-expressions peut être utile dans les négociations, les entretiens et la gestion d'équipe, offrant une lecture plus précise des intentions et des réactions des collègues.

Outre l'observation des expressions faciales des autres, la conscience de son propre langage non verbal est également fondamentale pour une communication efficace. Souvent, sans s'en rendre compte, une personne peut transmettre de l'insécurité, du désintérêt ou même de l'hostilité simplement par la manière dont elle exprime ses émotions sur son visage. Ajuster consciemment son expression pour qu'elle soit alignée avec le message que l'on souhaite transmettre peut améliorer la clarté de la communication et éviter les interprétations erronées. De petits changements, comme maintenir un regard attentif et un léger sourire en écoutant quelqu'un, peuvent faire une grande différence dans la construction d'une connexion plus positive et réceptive.

Un autre aspect pertinent est l'impact des expressions faciales sur la régulation émotionnelle. Des études indiquent que la simple adoption d'une expression particulière peut influencer l'état émotionnel de la personne elle-même. Le soi-disant feedback facial suggère que sourire, même sans raison apparente, peut induire des sensations de bien-être, tandis que froncer les sourcils peut intensifier les sentiments d'irritation ou de stress. Ce phénomène renforce l'idée que les expressions faciales ne sont pas seulement des reflets des émotions internes, mais aussi des outils qui peuvent les moduler, permettant un plus grand contrôle émotionnel dans des situations difficiles.

La maîtrise de la lecture et de l'utilisation consciente des expressions faciales élargit les possibilités de communication, rendant les interactions plus authentiques et efficaces. Que ce soit pour mieux comprendre les sentiments des autres, transmettre des messages plus clairement ou même réguler ses propres émotions, cette compétence est un atout précieux dans la vie personnelle et professionnelle. En améliorant la perception des subtilités du langage facial, il est possible d'établir des relations plus empathiques, d'éviter les malentendus et de renforcer la capacité à se connecter véritablement avec les autres.

Chapitre 7
Contact Visuel

Le contact visuel est l'un des aspects les plus puissants et significatifs de la communication non verbale. La manière dont une personne soutient ou évite le regard peut révéler des intentions, des émotions et même des traits de personnalité. Le regard a un impact direct sur la façon dont les interactions humaines se déroulent et influence la manière dont nous sommes perçus par les autres. Pour cette raison, la lecture correcte du contact visuel est essentielle pour interpréter avec précision les messages non verbaux transmis dans toute interaction sociale.

Le premier facteur à considérer dans l'analyse du contact visuel est sa durée. Les regards prolongés indiquent généralement l'intérêt, l'attention et l'engagement. Dans un contexte interpersonnel positif, maintenir le regard démontre respect et connexion. Cependant, lorsqu'il est soutenu pendant une durée excessive et sans variations, il peut être interprété comme un comportement intimidant ou défiant. En revanche, un contact visuel très bref ou constamment évité peut suggérer de la nervosité, de l'insécurité ou même le désir de dissimuler des informations. Les personnes qui détournent rapidement le regard pendant une conversation peuvent être mal à l'aise ou essayer d'éviter d'approfondir le sujet en question.

Outre la durée, la direction du regard fournit également des indices précieux sur l'état mental et émotionnel d'une personne. Les regards qui se tournent répétitivement sur les côtés peuvent indiquer une distraction ou un inconfort. Quand une personne regarde vers le bas en parlant, cela peut signaler la timidité, la soumission ou la réflexion. En revanche, un regard dirigé vers le haut peut indiquer la recherche de souvenirs ou même des tentatives de formuler des réponses plus élaborées. Ces petites variations dans le regard sont des éléments fondamentaux dans l'interprétation du langage corporel et doivent être analysées dans le contexte de l'interaction.

Le contact visuel ne reflète pas seulement les émotions, mais influence également la dynamique de pouvoir au sein d'une conversation. Dans les interactions hiérarchiques, les personnes en position d'autorité ont tendance à maintenir un contact visuel plus direct et constant, tandis que les subordonnés peuvent détourner le regard en signe de respect ou de déférence. Dans les négociations, soutenir le regard de manière ferme mais naturelle peut démontrer sécurité et conviction, renforçant la position de l'interlocuteur. Cependant, il est important que le contact visuel soit équilibré, car un regard trop fixe peut générer de l'inconfort et paraître un geste de domination excessive.

Un autre aspect pertinent du contact visuel est son influence sur la perception de la sincérité. Des études indiquent que les gens ont tendance à faire davantage confiance aux individus qui maintiennent un contact visuel adéquat pendant la conversation. Cela se produit parce que le regard est associé à l'honnêteté et à la transparence. Cependant, c'est une erreur de croire que quelqu'un qui évite le contact visuel ment nécessairement. Certains individus détournent le regard par timidité, anxiété ou traits de personnalité introvertie. De plus, les menteurs expérimentés peuvent entraîner leur langage corporel pour paraître plus fiables, en maintenant un contact visuel constant, ce qui peut confondre les observateurs inexpérimentés.

Les différences culturelles jouent également un rôle important dans l'interprétation du contact visuel. Dans de nombreuses sociétés occidentales, maintenir un regard ferme pendant une conversation est considéré comme un signe de respect et de confiance. Cependant, dans certaines cultures orientales, éviter le contact visuel direct avec des figures d'autorité peut être interprété comme un geste de respect, et non d'insécurité. Dans certaines régions du Moyen-Orient et d'Amérique latine, le contact visuel peut être plus prolongé et intense sans que cela représente une invasion de l'espace personnel. En revanche, dans les cultures nordiques, le contact visuel tend à être plus bref et modéré. C'est pourquoi, en interprétant le regard de quelqu'un, il est essentiel de considérer le contexte culturel pour éviter les conclusions erronées.

Le mouvement des yeux peut également fournir des informations importantes sur le traitement cognitif d'une personne. La Programmation Neuro-Linguistique (PNL) suggère que la direction du regard peut indiquer différents types de pensée. Selon cette approche, quand quelqu'un regarde en haut à droite, il peut accéder à des images visuelles créées par l'imagination, tandis que regarder en haut à gauche peut indiquer des souvenirs visuels du passé. Regarder sur les côtés peut suggérer l'accès à des mémoires auditives, et diriger le regard vers le bas peut être lié aux émotions et aux sensations internes. Bien que cette théorie ne soit pas une science exacte, elle offre un point de référence intéressant pour interpréter la pensée à travers le regard.

La dilatation et la contraction des pupilles sont d'autres variables qui peuvent indiquer l'état émotionnel d'un individu. Quand quelqu'un est intéressé ou émotionnellement impliqué dans une conversation, ses pupilles ont tendance à se dilater. Ce phénomène se produit de manière involontaire et peut être un indicateur fort d'attraction ou d'enthousiasme. En revanche, des pupilles contractées peuvent indiquer un inconfort, une irritation ou même la présence de lumière intense dans l'environnement. Observer ces subtiles altérations peut fournir des aperçus supplémentaires sur les réactions émotionnelles des personnes au cours d'une interaction.

Le contact visuel joue également un rôle crucial dans la construction de liens interpersonnels. Pendant les interactions positives, il y a une tendance naturelle à l'effet miroir du regard, où deux personnes synchronisent leurs temps de contact visuel sans s'en apercevoir. Ce phénomène crée une sensation de syntonie et de connexion mutuelle. Quand quelqu'un est émotionnellement engagé dans une conversation, son contact visuel tend à accompagner le rythme de l'interaction, rendant la communication plus fluide et naturelle.

Apprendre à utiliser le contact visuel de manière stratégique peut améliorer significativement la communication interpersonnelle. Pour ceux qui souhaitent améliorer cette compétence, il est recommandé d'entraîner l'équilibre entre regarder et détourner le regard naturellement, sans paraître évasif ou excessivement intense. Pratiquer le maintien du regard en écoutant quelqu'un parler peut aider à démontrer un intérêt sincère et du respect. Dans les présentations ou les négociations, alterner le contact visuel entre les différents auditeurs peut créer un sentiment d'inclusion et d'engagement.

La maîtrise du contact visuel va au-delà du simple échange de regards ; c'est une composante essentielle de la communication qui influence la manière dont nous sommes perçus et compris. Développer la conscience de sa propre expression oculaire peut améliorer significativement les interactions sociales et professionnelles. Ajuster le temps et l'intensité du contact visuel en fonction du contexte et de la culture de l'interlocuteur évite les inconforts et établit une connexion plus authentique. De petits ajustements, comme maintenir le regard ferme en transmettant une idée importante ou adoucir l'intensité du regard pour éviter de paraître excessivement dominant, font la différence dans la construction d'une communication efficace.

De plus, le contact visuel est un outil puissant pour transmettre des émotions et créer de l'empathie. Dans les conversations émotionnelles, un regard sincère peut offrir du réconfort et démontrer de la solidarité sans nécessiter de mots. Dans les moments de tension, savoir doser le contact visuel peut aider à atténuer les conflits et à éviter les confrontations inutiles. Tout comme le langage corporel, le regard doit être utilisé avec équilibre, en respectant l'espace de l'autre et en transmettant des messages cohérents avec l'intention du discours. La pratique consciente du contact visuel peut donc rendre les interactions plus fluides, naturelles et engageantes.

Comprendre et utiliser le contact visuel de manière stratégique est un atout pour renforcer les relations interpersonnelles et améliorer la communication. Que ce soit pour transmettre la confiance, démontrer de l'intérêt ou créer des connexions plus authentiques, le regard reste l'un des instruments les plus puissants de la communication humaine. En ajustant et en perfectionnant cette compétence, il est possible de devenir un communicateur plus efficace, capable d'établir des liens plus profonds et d'interpréter avec précision les intentions et les émotions des autres.

Chapitre 8
Ton de Voix

Le ton de voix est l'un des aspects les plus influents de la communication non verbale et peut transformer complètement la signification d'un message. Plus qu'un simple véhicule pour les mots, la manière dont quelque chose est dit peut révéler des émotions, des intentions et même l'état psychologique d'une personne. Souvent, un même énoncé peut être interprété de manières complètement différentes selon le ton utilisé, rendant cette caractéristique essentielle pour une lecture corporelle efficace.

La communication vocale est composée d'éléments tels que le volume, le rythme, l'intonation et les pauses, chacun jouant un rôle fondamental dans la façon dont le message est reçu. Le volume de la voix, par exemple, peut indiquer confiance et autorité lorsqu'il est maintenu à un niveau modéré et ferme. Une voix excessivement basse peut suggérer l'insécurité, la soumission ou même un manque d'implication dans la conversation, tandis qu'une voix très haute peut être perçue comme agressive ou envahissante. Dans certaines situations, une variation du volume peut être utilisée stratégiquement pour souligner des points importants ou maintenir l'attention de l'interlocuteur.

Le rythme de la parole transmet également des informations importantes. Les personnes qui parlent de manière accélérée peuvent être anxieuses, nerveuses ou essayer d'éviter les interruptions. Ce modèle de parole peut générer une sensation d'urgence ou d'impatience chez l'auditeur. En revanche, une parole excessivement lente peut indiquer l'indécision, la fatigue ou même le désintérêt. L'idéal est de maintenir un rythme équilibré, en s'adaptant au contexte et à la réponse de l'interlocuteur.

L'intonation, qui correspond aux variations de hauteur et d'intensité dans la voix, est un autre facteur essentiel dans la communication. Une intonation monotone peut rendre la parole désintéressante et rendre difficile la connexion émotionnelle avec l'auditeur. D'un autre côté, une intonation bien modulée et expressive facilite la transmission des émotions et maintient l'attention de l'audience. Les variations dans l'intonation aident à indiquer si un discours est affirmatif, interrogatif, ironique ou sarcastique, évitant les malentendus dans la communication.

Les pauses jouent un rôle fondamental dans la communication vocale. De petites pauses pendant la parole permettent à l'auditeur de traiter l'information et confèrent un ton plus naturel et engageant au message. De plus, des pauses stratégiques peuvent être utilisées pour créer de l'attente et de l'emphase à certains moments, augmentant l'efficacité de la communication. En revanche, l'absence de pauses peut faire paraître le message précipité et difficile à suivre, nuisant à la clarté et à l'impact du discours.

Le ton de voix reflète également les états émotionnels de manière subtile, mais perceptible. Une voix tremblante peut indiquer la nervosité ou l'insécurité, tandis qu'un ton plus ferme suggère la détermination et le contrôle de la situation. Quand quelqu'un est irrité ou frustré, sa voix peut prendre un ton plus rude et tranchant, même si les mots utilisés sont neutres. En revanche, une voix douce et bien modulée transmet l'empathie, le calme et la réceptivité. Apprendre à interpréter ces nuances vocales permet une compréhension plus profonde des émotions impliquées dans l'interaction.

La cohérence entre le ton de voix et le contenu verbal est essentielle pour une communication authentique et efficace. Lorsqu'il y a une divergence entre les mots prononcés et le ton utilisé, l'auditeur a tendance à accorder plus de crédibilité au ton. Si quelqu'un dit "tout va bien" d'une voix hésitante ou d'un ton bas et tremblant, le message transmis ne sera pas convaincant. Le manque d'alignement entre la voix et le discours peut indiquer la fausseté, l'hésitation ou une tentative de masquer de vrais sentiments.

Dans les contextes sociaux et professionnels, l'adaptation du ton de voix à l'environnement et au public est un différentiel dans la communication interpersonnelle. Un leader efficace, par exemple, sait quand utiliser un ton plus ferme pour inspirer l'autorité et quand l'adoucir pour créer de l'empathie et de la proximité avec son équipe. De même, dans les interactions personnelles, ajuster le ton de voix en fonction de la situation peut renforcer les liens et améliorer la compréhension mutuelle.

La culture et les coutumes locales influencent également l'interprétation du ton de voix. Dans certaines cultures, un ton de voix plus élevé est signe d'enthousiasme et d'engagement, tandis que dans d'autres, il peut être considéré comme impoli ou agressif. Il en va de même pour la vitesse de la parole : dans certaines sociétés, un rythme accéléré peut indiquer dynamisme et intelligence, tandis que dans d'autres, il peut être perçu comme un manque de patience ou de l'agressivité. Considérer ces différences culturelles est essentiel pour éviter les malentendus et améliorer la communication dans des contextes multiculturels.

Le ton de voix joue un rôle crucial dans la persuasion et l'influence. Les orateurs habiles utilisent des variations vocales pour capter l'attention du public, souligner des arguments et créer un impact émotionnel. La manière dont un message est délivré peut être aussi importante que son contenu. Dans les négociations, par exemple, un ton de voix calme et contrôlé peut transmettre confiance et tranquillité, facilitant les accords et les dialogues productifs. En revanche, un ton agressif ou incontrôlé peut générer de la résistance et rendre difficile la construction d'un consensus.

La lecture du ton de voix peut être améliorée avec de la pratique et une attention aux détails. Observer comment différentes personnes utilisent leur voix dans diverses situations aide à développer une perception plus affinée des nuances vocales. De plus, enregistrer sa propre voix et écouter les variations de ton, de rythme et d'intonation peut être une excellente manière d'améliorer la communication orale. Ajuster le ton de voix en fonction du contexte et de la réaction de l'interlocuteur rend l'interaction plus naturelle et efficace.

La manière dont nous utilisons notre voix influence non seulement la façon dont nous sommes perçus, mais affecte également directement la connexion que nous établissons avec les autres. Un ton bien ajusté peut transmettre empathie, clarté et sécurité, tandis qu'un ton inadéquat peut générer des bruits dans la communication et compromettre le message. Développer cette conscience vocale permet non seulement d'améliorer l'expression verbale, mais aussi d'aligner les émotions et les intentions sur le discours, le rendant plus authentique et engageant. De petits ajustements, comme équilibrer l'intensité, varier l'intonation et faire des pauses stratégiques, peuvent transformer une communication ordinaire en une expérience percutante et significative.

En plus de transmettre des émotions, le ton de voix peut être un reflet de l'état interne de chaque individu. La manière dont nous nous exprimons vocalement est directement liée à notre niveau de confiance, à notre contrôle émotionnel et à l'intention derrière les mots. Lorsque nous sommes calmes et sûrs de nous, notre voix a tendance à être plus stable et articulée ; dans les moments d'insécurité, elle peut devenir hésitante et tremblante. Ainsi, travailler sur la perception de son propre ton de voix améliore non seulement la communication avec les autres, mais renforce également l'image de soi et le contrôle sur ses propres émotions.

Maîtriser le ton de voix est une compétence précieuse pour toute situation impliquant une interaction humaine. Que ce soit dans des conversations quotidiennes, des discours, des négociations ou des présentations, la manière dont nous nous exprimons vocalement peut ouvrir des portes, construire des relations et renforcer notre présence. En comprenant et en ajustant consciemment la voix en fonction du contexte et du message, nous élargissons notre impact communicatif et devenons des communicateurs plus efficaces et persuasifs, capables de transmettre nos idées avec clarté et influence.

Chapitre 9
Espace Personnel

L'espace personnel est l'un des éléments les plus importants de la communication non verbale, influençant la manière dont nous interagissons et interprétons les autres. La proximité ou la distance entre les personnes transmet des messages subtils sur le confort, l'intimité, le respect et même la domination territoriale. Comprendre et respecter les limites de l'espace personnel est essentiel pour établir des relations saines et éviter les malaises dans les interactions sociales et professionnelles.

La notion d'espace personnel varie en fonction de facteurs tels que la culture, le contexte social et le degré de familiarité entre les interlocuteurs. L'anthropologue Edward T. Hall, l'un des principaux spécialistes du sujet, a défini quatre zones de distance interpersonnelle qui aident à comprendre comment nous nous lions spatialement aux autres :

Zone intime (jusqu'à 45 cm) – C'est la zone la plus proche du corps et réservée aux interactions avec des personnes de confiance extrême, comme la famille, les partenaires amoureux et les amis intimes. Entrer dans cet espace sans permission peut générer de l'inconfort et même des réactions défensives.

Zone personnelle (entre 45 cm et 1,2 m) – Utilisée pour les interactions décontractées et amicales, cette distance permet des conversations confortables sans envahir la vie privée de l'autre. C'est la zone la plus courante pour les dialogues entre connaissances, collègues de travail et amis dans des environnements sociaux.

Zone sociale (entre 1,2 m et 3,6 m) – C'est l'espace généralement adopté pour les interactions professionnelles, les réunions d'affaires et les conversations formelles. La distance maintient une sensation de respect et de neutralité, évitant toute impression d'invasion de l'espace personnel.

Zone publique (au-delà de 3,6 m) – Courante lors de conférences, présentations et discours, cette zone permet à un individu de communiquer avec un groupe sans nécessiter de proximité physique. Ici, le langage corporel et la projection vocale jouent un rôle encore plus pertinent.

La perception de l'espace personnel est profondément influencée par la culture. Dans les pays d'Amérique latine et du sud de l'Europe, par exemple, il est courant que les gens conversent à une distance moindre et se touchent comme signe de proximité et d'engagement. En revanche, dans des pays comme le Japon, la Suède et le Canada, la tendance est de maintenir des distances plus grandes pendant l'interaction. L'ignorance de ces différences culturelles peut entraîner des malentendus, rendant essentielle l'adaptation au contexte local pour éviter les désagréments.

Outre la culture, des facteurs individuels jouent également un rôle dans la perception de l'espace personnel. Les personnes introverties ont tendance à préférer des distances plus grandes, tandis que les extravertis peuvent se sentir plus à l'aise en proximité physique. Il en va de même dans les situations de stress ou d'anxiété : les individus émotionnellement surchargés peuvent ressentir un plus grand besoin de préserver leur espace, tandis que ceux qui recherchent du réconfort peuvent désirer un rapprochement plus important.

Le respect de l'espace personnel se reflète également dans le langage corporel. Lorsqu'une personne s'éloigne subtilement pendant une interaction, cela peut indiquer que la proximité génère de l'inconfort. Ignorer ces signes et insister sur une distance moindre peut provoquer une perception négative, transmettant l'impression d'invasion ou de manque de sensibilité sociale. D'un autre côté, maintenir une distance excessive peut donner une sensation de froideur ou de désintérêt, rendant la communication moins engageante.

Dans les environnements professionnels, comprendre l'importance de l'espace personnel est fondamental pour construire des relations saines et transmettre la confiance. Pendant les réunions ou les entretiens, maintenir la distance appropriée démontre respect et professionnalisme. Une erreur courante est de s'approcher trop près en essayant de souligner un point ou de persuader quelqu'un, ce qui peut générer une réaction défensive chez l'interlocuteur. Savoir équilibrer la proximité physique en fonction du contexte est une compétence précieuse dans la communication d'entreprise.

Un autre aspect important de l'espace personnel est l'utilisation de barrières symboliques. Des objets comme des sacs, des dossiers ou même des meubles peuvent être utilisés pour créer une limite entre les individus, indiquant un besoin de protection ou de distance. Par exemple, quand quelqu'un tient un objet devant son corps lors d'une conversation, il peut inconsciemment essayer d'établir une barrière protectrice. Ces signes doivent être interprétés avec prudence, car ils peuvent indiquer un inconfort ou un besoin d'espace plus grand.

Le contact physique à l'intérieur de l'espace personnel est également un facteur pertinent dans la communication non verbale. Les poignées de main, les tapes sur l'épaule et les étreintes sont des formes d'interaction tactile qui varient en fonction du degré de proximité entre les personnes. Une légère tape sur le bras pendant une conversation peut renforcer l'empathie et l'engagement, mais doit être utilisée avec discernement pour éviter les interprétations erronées. Dans les environnements professionnels, le contact physique doit être minimisé et toujours adapté au contexte.

L'observation des réactions à l'espace personnel permet d'ajuster l'approche communicative de manière plus efficace. Si un interlocuteur montre des signes de retrait, comme croiser les bras, incliner le corps vers l'arrière ou détourner le regard, il peut être nécessaire d'augmenter la distance pour éviter l'inconfort. D'un autre côté, si la personne s'incline vers l'avant et maintient un contact visuel ferme, cela peut indiquer une ouverture à un rapprochement plus important.

    La maîtrise de la lecture de l'espace personnel améliore la qualité des interactions et contribue à une communication plus fluide et respectueuse. S'adapter au besoin d'espace de chaque personne renforce la connexion interpersonnelle et évite les situations embarrassantes ou les malentendus. L'équilibre entre proximité et respect de l'espace d'autrui est l'un des piliers fondamentaux de la communication efficace et de la construction de relations interpersonnelles harmonieuses.

Chapitre 10
Toucher Social

Le toucher social est l'un des aspects les plus sensibles et impactants de la communication non verbale. Il a le pouvoir de renforcer les liens, de transmettre la sécurité, de démontrer l'empathie et même d'influencer la perception que les autres ont de nous. Cependant, le toucher peut aussi être interprété de diverses manières selon le contexte, la culture et la relation entre les personnes impliquées. C'est pourquoi comprendre sa signification et son applicabilité est fondamental pour garantir des interactions respectueuses et efficaces.

Le toucher humain éveille une série de réponses physiologiques et psychologiques. Des études démontrent que le contact physique peut stimuler la libération d'ocytocine, une hormone associée à la confiance et au renforcement des liens sociaux. Cela explique pourquoi des gestes simples, comme une poignée de main ferme ou une légère tape sur l'épaule, peuvent transmettre sécurité et connexion. Le toucher approprié renforce la communication et contribue à la création d'un environnement plus positif et accueillant.

Différents types de toucher portent des messages spécifiques et peuvent influencer l'interprétation d'une interaction. La poignée de main est l'un des exemples les plus universels de toucher social. Une poignée de main ferme et sûre suggère confiance et détermination, tandis qu'une poignée de main faible peut être interprétée comme un manque d'enthousiasme ou d'insécurité. De même, une poignée de main excessivement forte peut être vue comme un geste de domination ou d'agressivité. Ce simple contact initial peut définir le ton d'une conversation et impacter la perception de la crédibilité et de la posture de l'interlocuteur.

Un autre type courant de toucher social est le toucher sur le bras ou l'épaule. Dans des situations informelles, une légère tape peut transmettre soutien, empathie ou renforcer un point de vue. Cependant, il est essentiel de considérer la réceptivité de l'autre avant d'utiliser ce type de geste. Certaines personnes peuvent se sentir envahies ou mal à l'aise avec des contacts physiques inattendus, surtout s'il n'y a pas un niveau préalable de proximité entre les personnes impliquées. Observer le langage corporel de l'autre peut aider à déterminer si un toucher est bienvenu ou s'il doit être évité.

L'étreinte est l'un des gestes de toucher les plus chargés de signification émotionnelle. Dans des contextes personnels, une étreinte peut être un symbole d'affection, de protection et de solidarité. Cependant, dans des environnements formels, il faut être prudent en utilisant ce type de toucher. Toutes les cultures ou environnements de travail ne considèrent pas l'étreinte comme une forme appropriée de salutation, pouvant l'interpréter comme une invasion de l'espace personnel.

Le plus sûr est de laisser l'autre prendre l'initiative ou, s'il n'y a pas assez de familiarité, d'opter pour des salutations moins intrusives.

La culture exerce un rôle fondamental dans l'interprétation du toucher social. Dans certaines sociétés, comme au Brésil, en Italie et en Espagne, le contact physique est courant et considéré comme une démonstration de proximité et d'affection. En revanche, dans des pays comme le Japon, la Suède et le Royaume-Uni, il y a une tendance à maintenir une distance plus grande entre les interlocuteurs et à éviter le toucher excessif dans les interactions quotidiennes. Ignorer ces différences culturelles peut conduire à des situations inconfortables ou à des malentendus, rendant essentielle l'adaptation au contexte local.

Un autre facteur qui influence l'acceptation du toucher est la relation entre les personnes impliquées. Dans les interactions entre amis proches ou membres de la famille, le toucher est généralement plus fréquent et naturel. Cependant, dans des situations professionnelles ou entre inconnus, le contact physique peut être perçu comme inapproprié s'il n'est pas utilisé avec soin. Établir une lecture précise de la dynamique interpersonnelle permet d'utiliser le toucher comme un outil de communication efficace, sans dépasser les limites personnelles.

Le toucher social joue également un rôle important dans la construction de la confiance et du rapport. Dans les interactions commerciales, par exemple, des touches subtiles et respectueuses peuvent créer un sentiment de proximité et faciliter la négociation. Un vendeur qui salue un client avec une poignée de main ferme et une brève tape sur le bras peut transmettre crédibilité et empathie. Cependant, il est fondamental que le toucher se produise de manière spontanée et respectueuse, sans paraître forcé ou manipulateur.

La communication par le toucher est également présente dans l'environnement médical et thérapeutique. Les professionnels de la santé utilisent fréquemment le toucher pour rassurer les patients, démontrer des soins et créer un environnement d'accueil. Des études montrent que le toucher peut réduire l'anxiété et améliorer la réponse au traitement dans diverses situations cliniques. Cependant, même dans ces contextes, il est important que le toucher soit appliqué avec sensibilité et dans les limites du confort du patient.

La lecture du langage corporel peut aider à identifier les signes d'inconfort liés au toucher. Quand une personne se rétracte, croise les bras ou s'éloigne après un contact physique, elle peut indiquer qu'elle ne se sent pas à l'aise avec cette interaction. Ces signes doivent être respectés pour éviter l'invasion de l'espace personnel de l'autre. De même, l'absence de réaction négative peut indiquer que le toucher a été bien reçu et a renforcé la connexion entre les personnes impliquées.

Le toucher, lorsqu'il est utilisé avec discernement, peut être un puissant outil de connexion, mais son impact dépend du contexte et de la réceptivité de l'interlocuteur. Savoir interpréter les signes subtils du langage corporel et respecter les différences individuelles est essentiel pour garantir que le contact physique soit bien reçu et remplisse son rôle de renforcement des liens interpersonnels. De petits gestes, comme une salutation chaleureuse ou une brève tape sur l'épaule, peuvent transformer une interaction, transmettant soutien et empathie sans nécessiter de mots.

Outre l'aspect émotionnel, le toucher influence également la manière dont nous sommes perçus dans différents environnements. Dans un contexte professionnel, par exemple, une poignée de main ferme peut établir une première impression positive, tandis qu'un toucher excessif ou invasif peut générer de l'inconfort et même nuire aux relations. La clé de l'utilisation efficace du toucher social réside dans l'équilibre : il doit être naturel, respectueux et adapté à la relation entre les personnes impliquées. De cette manière, il est possible de l'utiliser pour renforcer les connexions sans dépasser les limites personnelles.

Maîtriser la communication par le toucher exige sensibilité et adaptation, en tenant compte de l'environnement, de la culture et de l'individualité de chaque personne. Lorsqu'il est bien appliqué, il a le pouvoir d'humaniser les interactions, de construire la confiance et de rendre les relations plus authentiques. En comprenant ses effets et en l'utilisant avec responsabilité, il est possible d'enrichir la communication non verbale et de rendre les interactions plus significatives et harmonieuses.

Chapitre 11
Communication Congruente

Les micro-expressions sont des manifestations faciales involontaires qui se produisent en fractions de seconde et reflètent des émotions authentiques. Contrairement aux expressions faciales contrôlées, qui peuvent être modulées consciemment, les micro-expressions surgissent spontanément et sont presque impossibles à falsifier. Pour cette raison, elles sont l'un des outils les plus puissants pour interpréter les sentiments cachés et détecter les contradictions dans la communication non verbale.

Les micro-expressions ont été largement étudiées par le psychologue Paul Ekman, qui a identifié sept émotions universelles exprimées sur le visage humain : la joie, la tristesse, la colère, la peur, la surprise, le dégoût et le mépris. Chacune de ces émotions possède des schémas spécifiques d'activation musculaire, rendant possible leur identification indépendamment de la culture ou de l'environnement. La capacité à reconnaître les micro-expressions permet de mieux comprendre ce que les gens ressentent réellement, même lorsqu'ils tentent de cacher leurs émotions.

L'identification des micro-expressions exige de la pratique et une attention aux détails subtils. Comme ces expressions durent moins d'une demi-seconde, l'observateur doit être entraîné pour les capter rapidement. La meilleure méthode pour développer cette compétence est de se concentrer sur l'observation du visage dans son ensemble, plutôt que de se fixer sur un seul détail. Des mouvements soudains des sourcils, une tension autour des yeux ou des altérations dans la position de la bouche peuvent indiquer des émotions passagères qui révèlent des informations précieuses sur l'état émotionnel de l'interlocuteur.

Chaque émotion de base présente des caractéristiques distinctes dans les micro-expressions. La joie authentique, par exemple, est caractérisée par l'activation des muscles autour des yeux et le relèvement des coins de la bouche. Quand un sourire n'implique pas les yeux, cela peut être le signe que l'émotion exprimée n'est pas authentique. La tristesse se manifeste par l'arc des sourcils et l'abaissement des coins de la bouche, tandis que la colère est identifiée par le froncement des sourcils, la tension dans la mâchoire et le regard fixe.

La peur et la surprise partagent quelques similitudes dans l'expression faciale, comme l'agrandissement des yeux et l'élévation des sourcils. Cependant, tandis que la surprise disparaît rapidement après l'assimilation de l'information, la peur tend à persister plus longtemps et est généralement accompagnée d'une rétraction corporelle. Le dégoût est mis en évidence par le plissement du nez et l'élévation de la lèvre supérieure, tandis que le mépris est marqué par un léger relèvement unilatéral des lèvres.

L'analyse des micro-expressions est largement utilisée dans divers domaines, tels que la sécurité publique, la psychologie et les négociations. Les professionnels entraînés parviennent à identifier les contradictions entre la parole et le langage facial, aidant à détecter les mensonges et à comprendre les états émotionnels avec plus de précision. Lors d'entretiens d'embauche, par exemple, les recruteurs peuvent observer des signes subtils d'inconfort en posant des questions difficiles. De même, les négociateurs expérimentés peuvent percevoir l'hésitation ou la résistance dans les micro-expressions avant même que l'interlocuteur ne verbalise ses préoccupations.

Il est important de souligner que la lecture des micro-expressions doit toujours être contextualisée. Un signe isolé n'est pas suffisant pour tirer des conclusions définitives sur l'état émotionnel de quelqu'un. L'idéal est de combiner l'observation des micro-expressions avec d'autres aspects du langage corporel, comme la posture, les gestes et le ton de la voix. Quand il y a cohérence entre les différents signes, l'interprétation devient plus précise et fiable.

La pratique constante est fondamentale pour améliorer l'identification des micro-expressions. Une manière efficace d'entraîner cette compétence est de regarder des vidéos d'interviews ou de débats et d'essayer de capter les expressions fugaces qui apparaissent sur le visage des participants. Il existe également des plateformes spécialisées qui offrent des exercices interactifs pour aider à la reconnaissance des micro-expressions en temps réel. Plus l'observateur est entraîné, plus grande sera sa capacité à capter ces signes involontaires et à interpréter les émotions cachées dans les interactions quotidiennes.

Outre l'usage professionnel, la connaissance des micro-expressions peut être extrêmement utile au quotidien. Comprendre les émotions des membres de la famille, des amis et des collègues de travail permet une communication plus empathique et efficace. En reconnaissant quand quelqu'un est mal à l'aise, anxieux ou essaie de cacher une émotion, il est possible d'ajuster l'approche pour rendre l'interaction plus productive et respectueuse.

En intégrant la lecture des micro-expressions dans la communication quotidienne, il devient possible de développer une perception plus affinée des intentions et des sentiments d'autrui. Cette compréhension favorise des interactions plus authentiques et réduit le risque de malentendus, car elle permet à l'observateur d'ajuster sa réponse en fonction de l'état émotionnel de l'interlocuteur. De plus, en démontrant une sensibilité pour capter ces nuances, on crée un environnement de confiance, où les personnes se sentent mieux comprises et valorisées. L'empathie générée par cette compétence renforce les liens interpersonnels et améliore significativement la qualité des relations, tant sur le plan personnel que professionnel.

Cependant, l'interprétation des micro-expressions exige prudence et discernement. Comme les émotions sont complexes et influencées par de multiples facteurs, un même signe peut avoir différentes significations selon le contexte et la personnalité de chaque individu.

Pour cette raison, il est essentiel d'éviter les jugements hâtifs et de considérer d'autres indicateurs avant de tirer des conclusions définitives. La combinaison de la lecture faciale avec l'analyse des gestes, du ton de la voix et des circonstances de l'interaction offre une compréhension plus globale et précise. Ainsi, au lieu de simplement identifier des sentiments cachés, la véritable maîtrise de la lecture des micro-expressions réside dans la capacité à les utiliser pour promouvoir des dialogues plus harmonieux et efficaces.

La communication congruente, par conséquent, va au-delà du simple décodage des signes non verbaux ; il s'agit d'un processus continu d'attention, d'empathie et d'adaptation. Quand il y a cohérence entre les mots, les expressions faciales et les gestes, le message transmis gagne en authenticité et en impact. Développer cette compétence améliore non seulement notre façon de nous exprimer, mais nous rend également des auditeurs plus attentifs et sensibles, créant des interactions plus riches et significatives.

Chapitre 12
Ligne de Base

Chaque individu porte en lui une signature invisible, une constance dans sa manière de bouger, de gesticuler et d'exprimer ses émotions lorsqu'il est dans un état naturel, sans pressions ni stimuli externes susceptibles de le modifier. Cette signature est appelée la ligne de base comportementale. La comprendre est la clé pour distinguer l'habituel de l'inhabituel, le sincère du fabriqué, le confortable du forcé. Sans ce point de référence, toute tentative d'interprétation du langage corporel devient un jeu de suppositions, sans fondements solides.

Observer quelqu'un sans qu'il soit sous stress ou qu'il ait besoin de dissimuler est la première étape pour établir sa ligne de base. Cet état neutre peut être identifié dans des situations quotidiennes, comme lors d'une conversation banale sur des sujets sans charge émotionnelle, pendant que la personne regarde quelque chose sans y prêter attention ou lorsqu'elle interagit spontanément avec des amis et sa famille. Dans ces conditions, les gestes fluent naturellement, sans aucune influence du besoin de tromper, d'impressionner ou de cacher quelque chose.

Chaque personne a sa propre configuration : certaines parlent en gesticulant intensément, d'autres gardent les bras plus contenus ; il y a ceux qui clignent fréquemment des yeux sans que cela signifie de la nervosité, tandis que d'autres ne clignent presque pas et cela n'indique pas non plus de la froideur ou du détachement. Si une personne, dans son état neutre, a l'habitude de détourner fréquemment le regard, ce comportement ne peut pas être automatiquement interprété comme un signe de mensonge à un autre moment. De même, quelqu'un qui maintient naturellement un ton de voix posé et grave ne peut pas être considéré comme suspect simplement parce qu'il ne varie pas l'intonation en parlant d'un sujet délicat. La lecture corporelle précise doit s'ancrer dans la comparaison entre ce qui est habituel et les variations qui surgissent face à certains stimuli.

Une erreur courante de ceux qui débutent dans l'interprétation du langage corporel est de croire qu'il existe un dictionnaire fixe de gestes et de significations. Les bras croisés n'indiquent pas toujours une résistance ; ils peuvent signifier le froid, un inconfort physique ou même une habitude posturale. L'augmentation de la fréquence des clignements peut être liée à l'éclairage de l'environnement, et non à la nervosité. L'inclinaison du corps vers l'arrière peut être simplement de la fatigue et non une tentative de se distancier du sujet en question. La ligne de base est ce qui empêche ces conclusions hâtives.

Le processus d'établissement de la ligne de base de quelqu'un exige patience et attention. L'idéal est d'observer la personne dans différents contextes, en enregistrant mentalement ses schémas. Comment se comporte-t-elle lorsqu'elle est détendue ? Quelle est sa posture habituelle en s'asseyant ? Comment bouge-t-elle les mains en parlant ? Quel est le rythme normal de sa respiration ? À quelle fréquence et avec quelle intensité sourit-elle ? Ce sont des questions fondamentales pour tracer un profil fiable.

Il y a, cependant, des facteurs qui peuvent masquer la ligne de base et induire en erreur. L'environnement en est un. Quelqu'un habitué à agir d'une certaine manière à la maison peut adopter des postures différentes au travail ou dans des lieux publics. La fatigue, la distraction et même les variations saisonnières peuvent influencer le langage corporel sans qu'il y ait aucune intention de tromper. C'est pourquoi l'observation doit être faite sur la durée et non sur la base d'un seul moment.

Lorsque la ligne de base est bien établie, toute modification devient perceptible. Si quelqu'un qui gesticule normalement peu commence à bouger excessivement les mains lors d'une conversation spécifique, ce changement peut être significatif. Si une personne qui a l'habitude de regarder directement dans les yeux se met à éviter ce contact sur une question particulière, cet écart par rapport au standard peut indiquer un malaise ou une tentative de dissimulation. De même, une augmentation soudaine des clignements ou un changement de ton de voix peuvent être interprétés dans le contexte, à condition d'être contrastés avec le comportement habituel.

La lecture corporelle efficace dépend de la sensibilité à percevoir ces variations sans tomber dans des jugements hâtifs. L'idéal est toujours de rechercher plusieurs signes qui renforcent l'observation. Un regard détourné, en soi, ne peut être concluant, mais s'il est accompagné d'une augmentation de la tension musculaire, d'une déglutition difficile et d'un léger tremblement dans la voix, alors il y a plus de raisons de considérer que quelque chose est différent. Le contexte de l'interaction doit également être pris en compte : un changement de ton de voix peut survenir à cause d'un facteur externe, comme une irritation de la gorge, et non à cause de la nervosité ou d'un mensonge.

Un autre aspect important de la ligne de base est qu'elle peut être influencée par des expériences antérieures et par les traits de personnalité de l'individu. Les personnes naturellement anxieuses peuvent présenter constamment des signes d'agitation, et cela ne doit pas être confondu avec la nervosité causée par un questionnement spécifique. De même, les individus extrêmement contrôlés peuvent montrer peu de variation dans l'expression faciale, même lorsqu'ils ressentent des émotions intenses. Dans ces cas, seule une observation prolongée permettra de comprendre quelles sont les réactions normales et lesquelles indiquent réellement quelque chose hors norme.

La technique d'observation doit être discrète et sans interférence directe. Questionner quelqu'un sur son état émotionnel peut altérer son comportement et invalider la ligne de base que l'on cherche à établir. L'idéal est de percevoir les schémas sans que la personne en soit consciente. Les professionnels de la sécurité, par exemple, appliquent cette technique en observant les passagers dans les aéroports ou les suspects lors d'enquêtes, comparant les réactions naturelles avec des changements brusques face à des questions stratégiques.

Cependant, l'utilisation de la lecture de la ligne de base doit toujours être faite avec prudence et éthique. Aucun signe isolé ne doit conduire à des conclusions définitives sur l'état émotionnel ou les intentions de quelqu'un. La communication humaine est complexe et chargée de nuances. L'objectif n'est pas de juger précipitamment, mais d'affiner la perception du comportement humain, augmentant la capacité à interpréter des changements subtils qui passeraient inaperçus pour la majorité.

La précision dans la lecture de la ligne de base ne se résume pas seulement à l'identification de variations comportementales, mais aussi à la compréhension de leurs motifs sous-jacents. Un observateur expérimenté ne perçoit pas seulement les changements dans les schémas de quelqu'un, mais évalue également ce qui a pu les causer. Des situations de stress, des préoccupations externes ou même des facteurs physiologiques peuvent interférer subtilement avec le langage corporel, sans nécessairement indiquer une dissimulation ou un malaise vis-à-vis d'un sujet spécifique. Ainsi, pour une interprétation efficace, il est fondamental d'éviter les conclusions hâtives et de considérer l'individu comme un système dynamique, en interaction constante avec son environnement.

L'application de ces connaissances s'étend au-delà de domaines comme la sécurité et les enquêtes, devenant un outil précieux dans la vie quotidienne. Les leaders et les managers qui maîtrisent l'observation de la ligne de base peuvent mieux comprendre leurs collaborateurs et identifier les signes précoces de démotivation ou de surcharge. De même, dans les relations personnelles, percevoir des écarts dans le comportement habituel d'un ami ou d'un partenaire peut être un indicateur que quelque chose ne va pas bien, permettant des approches plus sensibles et empathiques. Lorsqu'elle est bien utilisée, cette compétence favorise une communication plus efficace et des relations interpersonnelles plus profondes.

Cependant, la lecture de la ligne de base doit toujours être un moyen de compréhension et non de jugements précipités. Chaque individu porte une histoire, et son comportement reflète non seulement le présent, mais aussi des expériences passées et des caractéristiques innées. Observer sans envahir, interpréter sans condamner et percevoir sans présumer sont des principes essentiels pour utiliser cet outil de manière éthique et constructive. Ainsi, développer cette perception améliore non seulement la communication, mais renforce également l'empathie et la capacité à comprendre l'autre dans sa totalité.

Chapitre 13
Différences Culturelles

Le langage corporel, bien qu'universel dans son essence, porte des couches de significations qui varient selon la culture. Ce qui pour un peuple représente le respect, pour un autre peut être interprété comme du dédain. Un simple geste de la main, la manière dont quelqu'un maintient le contact visuel ou même la posture adoptée en s'asseyant peuvent provoquer des réactions complètement distinctes selon le contexte culturel. Ignorer ces différences peut entraîner des malentendus, des situations embarrassantes et même des conflits inutiles. Dans un monde globalisé, où les interactions entre différentes nationalités sont de plus en plus courantes, comprendre ces variations est fondamental.

Ce qui peut sembler un signe clair de sincérité pour un Occidental peut être considéré comme un manque de respect dans une autre partie du monde. Par exemple, alors qu'aux États-Unis ou en Europe, le contact visuel direct pendant une conversation est vu comme un indicateur de confiance et d'honnêteté, dans les pays d'Asie de l'Est, comme le Japon et la Corée du Sud, éviter le regard fixe sur une personne plus âgée ou une figure d'autorité démontre respect et déférence.

Quelqu'un qui ne comprend pas cette nuance peut interpréter à tort la posture d'un Asiatique comme de la timidité ou de la malhonnêteté, alors qu'il s'agit en réalité d'un code social profondément enraciné.

Un autre exemple classique réside dans la poignée de main. Pour de nombreux Occidentaux, une poignée ferme démontre assurance et assertivité. Cependant, dans des pays comme la Chine, une poignée de main très forte peut être considérée comme agressive, tandis qu'une poignée plus légère n'indique pas un manque d'intérêt, mais plutôt une manière polie et respectueuse de saluer. De même, le temps pendant lequel une personne tient la main de l'autre peut avoir des significations différentes : alors qu'une salutation rapide est la norme aux États-Unis, dans certaines régions d'Afrique et du Moyen-Orient, tenir la main quelques secondes de plus est un signe d'amitié et de proximité, et retirer la main rapidement peut être interprété comme de l'impolitesse.

Les gestes des mains sont également un territoire semé d'embûches culturelles. Le pouce levé, largement utilisé dans les pays occidentaux comme symbole d'approbation, peut avoir une signification complètement différente au Moyen-Orient et dans le sud de l'Italie, où il peut être interprété comme un geste offensant, similaire à une insulte obscène. De même, le signe "ok" fait avec le pouce et l'index formant un cercle, courant aux États-Unis, peut être vu comme un geste insultant dans des pays comme le Brésil et la Turquie.

La proximité physique pendant une conversation est un autre domaine où les différences culturelles peuvent générer de l'inconfort. Dans les cultures latines et arabes, il est courant que les gens conversent à une courte distance, se touchant occasionnellement l'épaule ou le bras pour renforcer la connexion. En revanche, dans les pays nordiques et au Japon, cette proximité peut être considérée comme envahissante, et un plus grand espace personnel est attendu. De même, les étreintes et les bises sur la joue comme forme de salutation sont naturelles dans des pays comme le Brésil, la France et l'Argentine, mais peuvent être inconfortables ou inappropriées dans des cultures plus réservées, comme en Allemagne ou en Chine.

La manière dont quelqu'un s'assoit peut également communiquer différents messages selon la culture. Dans de nombreux pays asiatiques et du Moyen-Orient, montrer la plante des pieds à quelqu'un est considéré comme un geste irrespectueux, car les pieds sont vus comme la partie la plus impure du corps. Croiser les jambes de manière négligente, laissant la semelle de la chaussure tournée vers une autre personne, peut être offensant dans des endroits comme la Thaïlande et les Émirats Arabes Unis, tandis que dans les pays occidentaux, ce n'est qu'une posture décontractée sans grandes implications sociales.

La question du sourire varie également beaucoup entre les cultures. Aux États-Unis, les sourires sont largement utilisés dans les interactions sociales, même entre étrangers, comme une forme d'exprimer la sympathie et l'accessibilité. Au Japon, en revanche, le sourire n'indique pas toujours le bonheur – souvent, il est utilisé pour masquer des sentiments d'inconfort ou d'embarras. De plus, alors que dans de nombreuses parties du monde un sourire ouvert, montrant les dents, est vu comme un signe de joie et de sociabilité, dans certaines cultures asiatiques, il peut être considéré comme inapproprié ou même vulgaire dans certains contextes.

Les différences culturelles influencent également la manière dont l'autorité est exprimée à travers le langage corporel. Dans les cultures plus hiérarchiques, comme celles trouvées dans de nombreux pays asiatiques, la posture corporelle tend à être plus rigide et formelle lors de l'interaction avec des figures d'autorité. Le ton de la voix peut être plus bas, et les gestes excessifs peuvent être évités pour ne pas manquer de respect. En revanche, dans les cultures plus égalitaires, comme dans les pays scandinaves, la communication corporelle peut être plus détendue, sans autant d'emphase sur la formalité.

L'interprétation erronée du langage corporel dans des contextes multiculturels peut causer de sérieux malentendus. Un étranger qui ne comprend pas les normes locales peut être perçu comme irrespectueux ou même offensant sans intention. C'est pourquoi la meilleure approche est toujours l'observation et l'adaptation. Si vous êtes dans un environnement inconnu, l'idéal est de prêter attention au langage corporel des locaux et d'ajuster votre posture si nécessaire.

Dans les négociations internationales, ces différences peuvent être cruciales. Un homme d'affaires qui ne comprend pas l'importance du silence dans une négociation japonaise peut interpréter de longues pauses comme un désintérêt, alors qu'elles sont en réalité des signes de considération et de réflexion sur ce qui a été dit. De même, un cadre occidental qui parle de manière très emphatique et fait beaucoup de gestes peut être perçu comme agressif dans des cultures plus contenues, comme l'allemande ou la finlandaise.

La communication non verbale transcende les barrières linguistiques, mais n'est pas exempte d'interprétations erronées. La compréhension de ces nuances améliore non seulement la qualité des interactions internationales, mais évite également les gaffes culturelles qui peuvent nuire aux relations personnelles et professionnelles. La clé d'une lecture corporelle efficace dans des environnements multiculturels est la flexibilité – reconnaître qu'il n'y a pas un seul modèle de comportement et être disposé à apprendre et à respecter les différences.

Développer une perception aiguë des différences culturelles dans le langage corporel exige un regard attentif et une attitude d'apprentissage continu. Chaque société façonne ses codes de communication non verbale à partir de son histoire, de ses valeurs et de ses traditions, rendant essentielle une approche flexible et respectueuse lors de l'interaction avec différentes cultures. Le voyageur attentif, le négociateur expérimenté et le professionnel mondialisé savent qu'observer avant d'agir peut éviter les malentendus et renforcer les connexions. Quand on comprend que la même expression peut transmettre des significations opposées selon le contexte, un chemin s'ouvre vers des interactions plus fluides et enrichissantes.

Plus que simplement éviter les erreurs ou les gaffes, la sensibilité aux nuances du langage corporel permet de créer des liens authentiques et de démontrer du respect pour les traditions d'autrui. De petits gestes, comme ajuster la distance interpersonnelle, moduler le ton de la voix ou adopter des postures plus alignées avec les coutumes locales, peuvent faire une grande différence dans la construction de la confiance et de l'empathie. Ce soin devient un différentiel dans les relations interpersonnelles et professionnelles, montrant que la véritable communication va au-delà des mots et se manifeste dans la manière dont nous nous présentons au monde.

En reconnaissant que le langage corporel est un reflet de la culture et non un code fixe de signes universels, nous devenons des communicateurs plus efficaces et des citoyens du monde mieux préparés. La compréhension des différences culturelles ne doit pas être considérée comme un obstacle, mais plutôt comme une opportunité d'élargir ses horizons et d'enrichir les interactions humaines. Après tout, le respect des particularités de l'autre non seulement renforce les liens sociaux, mais nous apprend également à voir le monde avec plus de sensibilité et d'ouverture.

Chapitre 14
Différences Individuelles

Chaque être humain porte en lui un code unique d'expressions, de postures et de gestes, façonné non seulement par la culture dans laquelle il est né, mais aussi par des facteurs individuels tels que la personnalité, l'âge, le genre et les expériences de vie. Ces éléments influencent profondément la manière dont quelqu'un communique de manière non verbale, rendant impossible l'application d'une formule unique pour interpréter gestes et expressions. Le risque de généraliser les comportements sans considérer les différences individuelles est grand, pouvant conduire à des conclusions erronées sur les émotions et les intentions. Pour comprendre le langage corporel avec précision, il est fondamental de tenir compte de ces aspects.

Deux personnes peuvent croiser les bras pour des raisons complètement distinctes : tandis que l'une peut se sentir mal à l'aise ou défensive, l'autre peut simplement trouver cette position confortable ou même avoir l'habitude de le faire lorsqu'elle est concentrée. Sans considérer l'individualité de chaque personne, la lecture corporelle devient une interprétation superficielle et imprécise.

La personnalité est l'un des principaux facteurs qui influencent la communication non verbale. Les extravertis ont tendance à manifester leurs émotions de manière plus évidente, utilisant des gestes amples et des expressions faciales dynamiques. Leurs mouvements peuvent être expansifs, avec les bras ouverts et des postures détendues, et la proximité physique leur pose généralement moins de problème. Les introvertis, en revanche, peuvent présenter un comportement plus contenu, s'exprimant de manière plus subtile. Leurs gestes peuvent être moins fréquents, leurs expressions faciales peuvent paraître plus neutres et leur ton de voix peut être plus bas. Cela ne signifie pas qu'ils sont mal à l'aise ou désintéressés, simplement que leur manière naturelle de s'exprimer est moins exubérante.

En observant une interaction, une personne non familiarisée avec ces différences peut interpréter à tort un introverti comme distant ou désintéressé, alors qu'il suit simplement son schéma de comportement habituel. De même, un extraverti peut être jugé à tort comme envahissant ou exagéré, alors que c'est simplement sa manière naturelle de communiquer.

Bien que chaque individu soit unique, il existe quelques tendances générales dans la manière dont les hommes et les femmes utilisent le langage corporel. De manière générale, les recherches indiquent que les femmes ont tendance à montrer plus d'expressivité faciale, utilisant des sourires, des inclinaisons de tête et des gestes plus fréquents pendant une conversation. Elles ont également tendance à se pencher davantage vers l'avant lorsqu'elles interagissent avec quelqu'un, un indicateur d'implication dans la conversation. Les hommes, d'un autre côté, utilisent fréquemment un langage corporel plus contenu, avec moins d'expressions faciales et de mouvements corporels. Dans les interactions sociales, ils peuvent préférer maintenir une posture plus fixe et un contact visuel plus direct, ce qui peut être interprété comme de l'assertivité. Il y a aussi une tendance à occuper plus d'espace, que ce soit par la posture ou le positionnement des bras et des jambes.

Ces différences ne sont pas des règles absolues et varient en fonction de la personnalité, de la culture et du contexte. De plus, nombre de ces schémas sont liés aux normes sociales et aux attentes culturelles concernant les rôles de genre, qui influencent le comportement depuis l'enfance. C'est pourquoi il est essentiel d'éviter les généralisations rigides.

L'âge joue également un rôle fondamental dans le langage corporel. Les enfants, par exemple, ont tendance à être plus transparents dans leurs expressions et gestes. Ils possèdent moins de filtres sociaux et affichent leurs émotions de manière plus directe : ils sautent de joie, croisent les bras en signe de mécontentement ou détournent le regard lorsqu'ils sont embarrassés. Les adolescents, en revanche, peuvent présenter un comportement corporel plus hésitant, en particulier dans les situations sociales où ils se sentent en insécurité. Le contact visuel peut être évité, les épaules peuvent être maintenues tombantes et les mouvements peuvent paraître plus maladroits en raison du processus de développement de l'image de soi.

Les adultes, quant à eux, possèdent généralement un plus grand contrôle sur leurs expressions et postures. Le langage corporel tend à être plus raffiné et adapté aux normes sociales, devenant moins impulsif et plus stratégique. Les personnes âgées peuvent présenter des gestes plus contenus et des postures plus rigides en raison de facteurs physiques, tels que la perte de mobilité ou les douleurs musculaires, qui impactent leur manière de se mouvoir. Ces changements au cours de la vie montrent que la même expression ou posture peut avoir différentes significations selon l'âge de la personne. Un adolescent regardant le sol pendant une conversation peut exprimer de la timidité, tandis qu'une personne âgée peut simplement éviter une lumière forte en raison de sa sensibilité oculaire.

Le parcours de vie d'une personne influence également fortement son langage corporel. Quelqu'un qui a vécu des situations traumatisantes peut adopter des gestes plus fermés et défensifs, même dans des contextes où il n'y a pas de danger. Les personnes qui ont grandi dans des environnements où l'expression émotionnelle n'était pas encouragée peuvent avoir des difficultés à manifester ouvertement leurs sentiments, même lorsqu'elles sont profondément impliquées dans une conversation. D'un autre côté, les individus qui ont eu des expériences qui ont renforcé leur confiance en soi peuvent présenter une posture corporelle plus ouverte et sûre, même dans des situations de défi. Cela explique pourquoi deux personnes exposées au même environnement peuvent réagir de manières totalement différentes – chacune porte en elle son propre bagage émotionnel et ses expériences antérieures.

L'un des plus grands défis lors de l'interprétation du langage corporel est d'éviter de tomber dans les stéréotypes ou les suppositions généralisées. Souvent, nous attribuons des significations fixes à certains comportements sans considérer l'individualité de la personne. Un exemple courant est la croyance que celui qui évite le contact visuel ment. Cependant, ce comportement peut simplement être le reflet de la personnalité, une habitude culturelle ou même un signe d'anxiété sociale. De même, une personne qui gesticule beaucoup en parlant n'essaie pas nécessairement de manipuler ou de tromper – cela peut être simplement son style naturel de communication.

Pour éviter les erreurs, il est essentiel de combiner plusieurs signes avant de tirer des conclusions. Si quelqu'un détourne le regard, mais maintient un ton de voix ferme et des gestes cohérents avec sa parole, il est probable que l'évitement du regard n'ait aucun rapport avec la malhonnêteté.

La meilleure façon d'éviter les malentendus lors de l'interprétation du langage corporel est d'adopter une approche flexible et contextualisée. Certaines stratégies incluent :

Observer les schémas au fil du temps – Au lieu de tirer des conclusions hâtives basées sur un seul geste, observez comment la personne se comporte dans différentes situations et états émotionnels.

Comparer avec la ligne de base – Comme vu dans le chapitre précédent, chaque individu a son propre schéma de comportement. Les changements par rapport à ce schéma sont plus pertinents que les gestes isolés.

Considérer le contexte – L'environnement et les circonstances de l'interaction influencent le langage corporel. Un geste peut avoir des significations distinctes selon le moment où il se produit.

Éviter les jugements automatiques – Remettre en question les suppositions et chercher plus d'informations avant d'attribuer des significations fixes à une expression ou une posture donnée.

Développer une interprétation précise du langage corporel exige une sensibilité pour reconnaître que chaque individu exprime émotions et intentions de manière unique. Lorsque nous tenons compte de facteurs tels que la personnalité, les expériences de vie et le contexte social, nous parvenons à éviter les lectures superficielles et à construire une perception plus fidèle de la communication non verbale. L'erreur la plus courante est d'appliquer des règles rigides et universelles à des gestes qui, en réalité, varient selon l'individu. Ainsi, au lieu de chercher des significations fixes pour chaque expression, l'idéal est d'adopter une approche investigatrice et flexible, en considérant plusieurs signes avant de tirer des conclusions.

La compréhension des différences individuelles renforce également l'empathie et améliore les interactions interpersonnelles. Lorsque nous reconnaissons que tout le monde n'exprime pas ses émotions de la même manière, nous évitons les jugements hâtifs et créons un espace de communication plus ouvert et respectueux. Cela est particulièrement précieux dans les environnements professionnels, où les leaders et les collaborateurs qui savent interpréter correctement le langage corporel parviennent à identifier les malaises, les insécurités et même les opportunités de renforcer les relations. Au quotidien, cette sensibilité nous aide à nous connecter de manière plus authentique avec les personnes qui nous entourent, en respectant leurs styles de communication.

La véritable maîtrise de la lecture du langage corporel ne réside pas dans le décodage mécanique de gestes isolés, mais dans la capacité à comprendre l'autre dans sa totalité. Cela implique d'observer des schémas, de considérer l'historique et le contexte, et, par-dessus tout, de maintenir une posture d'apprentissage constant. Plus nous sommes attentifs aux différences individuelles, plus notre communication sera efficace et humanisée, permettant des interactions plus riches, authentiques et significatives. La lecture corporelle, lorsqu'elle est réalisée avec sensibilité aux différences individuelles, devient un outil puissant pour mieux comprendre les émotions et les intentions des personnes. Au lieu de chercher des schémas rigides, l'observateur attentif apprend à identifier les nuances et les contextes, ajustant son interprétation pour chaque individu et situation. Ce faisant, il devient non seulement un lecteur plus précis de la communication non verbale, mais aussi un communicateur plus empathique et efficace.

Chapitre 15
Technique du Miroir

La communication humaine va bien au-delà des mots. Souvent, ce qui est dit n'est qu'une petite fraction de ce qui est réellement transmis dans une interaction. Le corps parle par des gestes, des postures et des expressions subtiles, et il existe un phénomène particulièrement intrigant dans cet univers : le miroir. Ce phénomène se produit lorsque deux personnes, inconsciemment, commencent à imiter les mouvements et les schémas comportementaux l'une de l'autre, reflétant les gestes, la posture, les expressions faciales et même le rythme de la parole. Le miroir est un signe naturel de connexion et de syntonie, un mécanisme que l'esprit adopte pour créer un lien entre les interlocuteurs.

Le miroir ne se produit pas par hasard. C'est un vestige du besoin évolutif de créer des liens et d'établir une appartenance au sein des groupes sociaux. Depuis les débuts de l'humanité, les individus qui manifestaient des comportements similaires à ceux du groupe avaient de plus grandes chances d'acceptation et de protection. Ce comportement reste présent, même de manière inconsciente, dans les interactions modernes. Lorsque deux personnes sont en phase, leurs corps réagissent de manière similaire. Si l'une d'elles croise les bras, l'autre peut, sans s'en rendre compte, faire de même. Si un individu s'incline légèrement vers l'avant en écoutant une histoire captivante, l'autre peut répéter ce mouvement. Ce reflet automatique indique l'empathie et la connexion, rendant l'interaction plus fluide et agréable.

Observer le miroir en action peut être fascinant. Dans une conversation entre amis proches, par exemple, il est courant de remarquer que les deux adoptent des postures similaires tout au long du dialogue. Dans les relations amoureuses, les couples se reflètent fréquemment de manière subtile, renforçant l'intimité. Même dans les groupes sociaux, comme les réunions de travail ou les rencontres informelles, le miroir peut se produire lorsqu'il y a accord et harmonie entre les participants. Cette synchronie non verbale renforce la relation interpersonnelle, créant une sensation de confort et de compréhension mutuelle.

En plus d'être un reflet naturel, le miroir peut être utilisé consciemment pour générer une connexion et construire un rapport, terme utilisé pour décrire une relation basée sur l'empathie et la confiance. Quand une personne reflète légèrement les gestes et les postures de l'autre, cela peut créer une sensation de familiarité et de syntonie, facilitant la communication et rendant la conversation plus engageante. Ce principe est largement utilisé dans des domaines tels que la vente, la négociation, la psychologie et même dans le domaine politique. Les leaders charismatiques emploient fréquemment cette technique pour se connecter avec leurs auditeurs, ajustant leur langage corporel pour refléter celui du public, rendant leur présence plus accessible et persuasive.

Bien que le miroir soit un outil puissant, il est nécessaire de l'appliquer avec subtilité. L'imitation exagérée peut avoir l'effet contraire à celui souhaité, rendant l'interaction artificielle et inconfortable. Lorsque le miroir est forcé, il perd son caractère naturel et peut être perçu comme une tentative manipulatrice. Le secret pour l'utiliser efficacement réside dans la modération. De petits ajustements de posture, une légère inclinaison corporelle ou l'adaptation au rythme de la parole de l'interlocuteur suffisent à créer une syntonie sans paraître forcé.

Le miroir ne se limite pas seulement à la posture et aux gestes. Il peut également se produire dans le ton de la voix, le choix des mots et même le rythme de la respiration. Lorsque deux personnes partagent un état émotionnel similaire, leurs schémas physiologiques peuvent se synchroniser de manière imperceptible. Ce phénomène est particulièrement notable dans les situations de grande empathie, comme lorsque quelqu'un partage une expérience émotionnellement intense et que l'auditeur, en se connectant au récit, ajuste involontairement son ton de voix et son expression faciale pour refléter le sentiment transmis.

Des recherches montrent que le miroir peut augmenter la sensation de confiance entre les personnes. Dans des études sur la communication interpersonnelle, les individus dont les gestes et postures ont été reflétés ont rapporté une plus grande sensation de confort et de connexion avec leurs interlocuteurs, même sans percevoir consciemment qu'ils étaient imités. Cet effet peut être appliqué de manière stratégique dans des interactions importantes, comme les entretiens d'embauche, les présentations publiques et les négociations commerciales.

Dans le contexte professionnel, l'utilisation adéquate du miroir peut être un différentiel significatif. Lors d'une négociation, par exemple, lorsqu'un vendeur ajuste son rythme et son langage corporel en fonction du client, il augmente les chances d'établir un lien positif et d'influencer la décision d'achat. Lors d'entretiens d'embauche, les candidats qui démontrent une syntonie avec l'intervieweur, par des postures similaires et des expressions cohérentes, peuvent être perçus comme plus fiables et compatibles avec la culture de l'entreprise. Les leaders qui savent utiliser cette technique parviennent à créer un environnement de coopération, devenant plus accessibles pour leurs équipes et promouvant un environnement de travail plus harmonieux.

Le miroir peut également être appliqué dans des contextes plus informels, comme les interactions sociales et les relations personnelles. Pendant une conversation, prêter attention au rythme et au ton de voix de l'autre et faire des ajustements subtils pour harmoniser la communication peut rendre l'interaction plus engageante. Ce type d'adaptation inconsciente contribue à la sensation de proximité et de compréhension, créant une connexion plus authentique entre les personnes impliquées.

Malgré les nombreux avantages, il est essentiel de rappeler que le miroir doit toujours être utilisé de manière éthique. L'objectif ne doit pas être de manipuler ou d'influencer le comportement de l'autre de manière malhonnête, mais plutôt de créer un environnement de communication plus fluide et naturel. Lorsqu'il est fait avec authenticité, le miroir devient un outil puissant pour renforcer les relations et améliorer la qualité des interactions interpersonnelles.

La pratique du miroir peut être développée au fil du temps. Observer les interactions naturelles entre personnes proches, analyser comment les gestes et les postures s'alignent spontanément et expérimenter de petites adaptations dans sa propre communication sont des moyens efficaces d'améliorer cette compétence. Plus quelqu'un est attentif au langage corporel de son interlocuteur, plus il sera facile de percevoir les opportunités de créer une syntonie par le biais du miroir.

Au quotidien, cette technique peut être appliquée dans différentes situations pour améliorer la communication et la connexion interpersonnelle. Lors d'une réunion d'affaires, par exemple, adopter une posture similaire à celle de l'autre participant peut créer un environnement de plus grande confiance. Lors d'une rencontre sociale, s'aligner subtilement sur le ton et le rythme de la conversation peut faciliter la création de liens. Dans une conversation difficile, démontrer de l'empathie par le biais du langage corporel peut aider à désamorcer les tensions et à rendre le dialogue plus productif.

Le miroir, lorsqu'il est appliqué avec naturel et intention, transforme les interactions ordinaires en expériences plus significatives et harmonieuses. Il fonctionne comme un lien invisible entre les interlocuteurs, renforçant la sensation d'appartenance et de compréhension mutuelle. Que ce soit dans une négociation stratégique, une rencontre sociale ou un moment de soutien émotionnel, la capacité à s'accorder avec le langage corporel de l'autre peut être la clé pour établir des connexions plus authentiques. Cependant, pour que cette technique soit efficace, il est fondamental qu'elle soit accompagnée d'une écoute active et d'une véritable intention de connexion, évitant l'artificialité ou toute trace de manipulation.

Lorsqu'il est pratiqué avec sensibilité, le miroir devient un outil puissant pour renforcer les liens interpersonnels. Dans l'environnement professionnel, il aide à construire la confiance et facilite la collaboration entre les équipes. Dans les relations personnelles, il favorise l'empathie et la proximité. De petits ajustements de posture, d'intonation de la voix et de gestes peuvent faire toute la différence dans la façon dont nous sommes perçus et dans la manière dont nous menons nos interactions quotidiennes. Savoir utiliser cette technique avec subtilité signifie améliorer non seulement la communication, mais aussi la capacité à s'adapter et à comprendre différents styles d'expression.

La véritable essence du miroir réside dans l'harmonie qu'il peut créer entre les personnes. Plus qu'une stratégie, il s'agit d'une manière de rendre la communication plus fluide et enrichissante. Lorsqu'il est utilisé de manière spontanée et respectueuse, il renforce la compréhension et la syntonie, rendant les interactions plus naturelles et renforçant les liens humains dans n'importe quel contexte.

Chapitre 16
Signaux Positifs

Le langage corporel ne se limite pas à la détection de tromperies ou à la reconnaissance d'émotions négatives. Souvent, les signaux les plus précieux se trouvent dans les petits gestes qui indiquent l'ouverture, la réceptivité et la connexion entre les personnes. Ces signaux positifs sont fondamentaux pour interpréter correctement une interaction et établir une communication plus efficace. Comprendre comment le corps transmet le confort, l'intérêt et l'accord permet non seulement de percevoir quand une conversation se déroule bien, mais aussi d'ajuster sa propre posture pour stimuler un environnement plus harmonieux.

L'un des signes les plus courants de réceptivité est l'inclinaison du corps en direction de l'interlocuteur. Quand quelqu'un est intéressé et impliqué dans la conversation, il a tendance à s'approcher subtilement, réduisant inconsciemment la distance physique. Ce mouvement indique que la personne est à l'aise et engagée dans le dialogue. D'un autre côté, un éloignement soudain ou un changement de direction du tronc peut signaler un désintérêt ou un malaise.

Les bras et les mains jouent également un rôle crucial dans la transmission de signaux positifs. Des bras décroisés et détendus indiquent une posture ouverte, suggérant que la personne est réceptive à ce qui est dit. Les paumes des mains tournées vers le haut démontrent l'honnêteté et la transparence, tandis que des gestes doux et rythmés renforcent la fluidité de la communication. Des mouvements exagérés ou brusques peuvent être interprétés comme de l'impatience ou de la tension, tandis que des gestes naturels et mesurés créent un climat de proximité et de compréhension.

Le contact visuel est un autre élément essentiel dans l'expression de l'intérêt et de la confiance. Maintenir un regard ferme, mais non intimidant, démontre attention et respect. Quand quelqu'un maintient un contact visuel cohérent sans paraître forcé, cela suggère qu'il est réellement présent dans la conversation. Cependant, il est important de rappeler que l'intensité et la durée du contact visuel varient en fonction de la culture et de la personnalité de l'individu. Alors que dans certaines cultures le regard direct est un signe de sincérité, dans d'autres il peut être perçu comme envahissant.

Les sourires sont peut-être les signaux positifs les plus puissants du langage corporel. Un sourire sincère, qui implique non seulement les lèvres mais aussi les yeux et les muscles du visage, indique la satisfaction, l'empathie et l'accueil. Les personnes qui sourient pendant une conversation créent un environnement plus agréable et transmettent la confiance. Cependant, il existe des différences entre les sourires sincères et les sourires sociaux. Le sourire authentique, également connu sous le nom de sourire de Duchenne, active les muscles autour des yeux et est difficile à falsifier. En revanche, le sourire social, souvent utilisé par courtoisie, peut être identifié par le manque d'implication des yeux et par une légère asymétrie des lèvres.

Les petits hochements de tête sont également des indicateurs d'accord et d'encouragement. Quand quelqu'un fait de petits mouvements verticaux de la tête en écoutant, cela suggère qu'il suit la conversation et valide ce qui est dit. Ce geste peut être particulièrement utile dans les interactions sociales et professionnelles, car il renforce la sensation que la communication est bien reçue.

Un autre comportement qui indique l'intérêt et la syntonie est le miroir inconscient. Lorsque deux personnes sont bien connectées, leurs gestes, expressions et postures commencent à s'aligner de manière naturelle. Ce phénomène, discuté précédemment, démontre une syntonie profonde et peut être un excellent indicateur que l'interaction se déroule bien.

La position des jambes et des pieds peut également fournir des indices sur le niveau de confort dans une interaction. Des pieds tournés vers l'interlocuteur indiquent l'implication et l'attention, tandis que des pieds pointés dans une autre direction peuvent suggérer un désir de mettre fin à la conversation. Ce détail, souvent inaperçu, peut révéler beaucoup sur la disposition d'une personne à poursuivre une interaction.

La posture corporelle générale communique également des messages importants. Une posture droite mais détendue transmet confiance et ouverture. Des épaules alignées et une poitrine légèrement bombée indiquent sécurité et disposition à l'interaction. En revanche, une posture très rigide peut être interprétée comme de la nervosité ou de la tension, tandis qu'une posture excessivement détendue peut suggérer un désintérêt.

Des expressions faciales subtiles peuvent renforcer les signaux positifs dans une conversation. Un léger haussement des sourcils au début d'une interaction peut indiquer une surprise ou un intérêt sincère. Une expression détendue, sans tension sur le front ou les lèvres, démontre confort et réceptivité. De petits signes d'implication émotionnelle, comme une lueur dans les yeux en parlant de quelque chose de passionnant, rendent la communication plus authentique et engageante.

Le langage corporel positif peut être utilisé consciemment pour influencer la dynamique d'une conversation. Dans des contextes professionnels, par exemple, un leader qui souhaite encourager son équipe peut adopter une posture ouverte et accueillante, maintenir le contact visuel et utiliser des gestes doux pour renforcer ses paroles. Lors de rencontres sociales, démontrer son implication par l'inclinaison du corps, des sourires et de petits hochements de tête peut rendre l'interaction plus agréable et créer un environnement de plus grande connexion.

La manière dont quelqu'un se positionne par rapport à l'espace physique peut également indiquer une ouverture ou une réserve. Les personnes qui laissent des objets, comme des sacs ou des dossiers, entre elles et l'interlocuteur peuvent créer une barrière inconsciente. D'un autre côté, les individus qui maintiennent l'espace libre entre eux et les autres démontrent généralement une plus grande réceptivité et un plus grand confort dans l'interaction.

Le ton de la voix et le rythme de la parole font également partie du langage corporel et peuvent renforcer les signaux positifs. Un ton de voix stable et modéré transmet calme et confiance, tandis qu'un rythme de parole équilibré indique sécurité et clarté de pensée. Éviter les interruptions et permettre des pauses naturelles dans la conversation renforce la sensation de respect et d'attention envers l'interlocuteur.

L'application consciente de ces signaux peut transformer la manière dont quelqu'un communique. En comprenant et en utilisant le langage corporel positif, il est possible de créer des interactions plus fluides, de construire des relations plus solides et d'établir un environnement de plus grande confiance. De petits ajustements de posture, de regard et de gestes peuvent faire une grande différence dans la manière dont les messages sont reçus et interprétés par les autres.

Observer et reconnaître les signaux positifs dans le langage corporel des autres aide également à mieux interpréter les interactions et à ajuster l'approche si nécessaire. Si une personne montre des signes d'intérêt et d'engagement, cela peut indiquer que la communication est bien reçue. Si, en revanche, les signaux positifs disparaissent au cours de la conversation, il peut être nécessaire de réévaluer l'approche et d'identifier d'éventuels ajustements pour maintenir une interaction agréable et productive.

L'étude du langage corporel est un processus continu, et plus quelqu'un développe sa perception des signaux positifs, plus sa communication devient efficace. Pratiquer l'observation attentive et expérimenter différentes manières d'ajuster sa propre posture et ses expressions peut permettre une maîtrise plus affinée de la communication non verbale.

Comprendre et appliquer le langage corporel positif va au-delà de la simple observation ; il s'agit d'un exercice continu de perception et d'adaptation. De petits gestes, lorsqu'ils sont utilisés intentionnellement, peuvent influencer significativement la manière dont les gens nous perçoivent et nous répondent. Que ce soit dans l'environnement professionnel, dans les interactions sociales ou même dans les moments quotidiens, la conscience de ces signaux permet d'ajuster notre communication pour créer des connexions plus authentiques et efficaces. La maîtrise de ces éléments améliore non seulement l'interaction interpersonnelle, mais renforce également la confiance en soi, car savoir interpréter et transmettre des signaux de réceptivité et d'intérêt rend la communication plus assertive et naturelle.

De plus, cultiver la capacité à reconnaître les signaux positifs chez les autres offre une compréhension plus profonde du contexte d'une conversation. Le langage corporel fonctionne comme un reflet de l'état émotionnel et de la disposition d'une personne, et capter ces subtilités peut éviter les malentendus et renforcer les relations interpersonnelles. Si un interlocuteur se montre engagé, avec des inclinaisons subtiles, des sourires authentiques et des gestes ouverts, cela indique une atmosphère favorable au dialogue. D'un autre côté, l'absence de ces signaux peut suggérer la nécessité d'ajustements dans l'approche pour rétablir la connexion et rendre l'échange plus productif.

Le langage corporel positif n'est donc pas seulement un outil de communication, mais un moyen de créer des environnements plus accueillants et des relations plus harmonieuses. En intégrant ces connaissances au quotidien, il est possible de transformer des interactions ordinaires en expériences plus agréables et significatives. L'amélioration de cette perception mène à une communication plus empathique et efficace, faisant de chaque conversation une opportunité de renforcement des liens interpersonnels.

Chapitre 17
Signaux Négatifs

La communication humaine ne se résume pas aux mots prononcés ; une grande partie de ce que nous transmettons provient de nos gestes, postures et expressions faciales. Tandis que les signaux positifs indiquent la réceptivité et la connexion, les signaux négatifs révèlent l'inconfort, le désintérêt, l'irritation ou même l'hostilité. Apprendre à identifier ces signaux est essentiel pour mieux comprendre les émotions cachées derrière les interactions quotidiennes. Souvent, le langage corporel révèle des sentiments que les mots tentent de dissimuler, et ceux qui savent observer ces signaux parviennent à ajuster leur approche pour éviter les conflits, améliorer la communication et créer des relations plus harmonieuses.

Parmi les signes les plus évidents de résistance ou de fermeture figure le croisement des bras. Bien que ce geste puisse, dans certains cas, n'être qu'une position confortable, il indique fréquemment que la personne est sur la défensive ou désintéressée par la conversation. Lorsqu'il est accompagné d'un visage sérieux et d'un regard distant, ce comportement suggère que l'interlocuteur peut être en désaccord silencieux avec ce qui est dit ou tenter de se protéger émotionnellement.

Un croisement de jambes peut également renforcer cette posture d'éloignement, surtout lorsqu'il est combiné à un corps tourné loin de l'orateur.

Un autre indicateur clair d'inconfort est le détournement fréquent du regard. Bien que dans certains cas le regard évasif puisse résulter de la timidité ou de traits de personnalité, lorsqu'il se produit de manière abrupte et répétitive, il peut être un signe que la personne souhaite mettre fin à l'interaction ou éviter un sujet particulier. Dans les conversations difficiles, le regard fuyant peut indiquer que quelqu'un dissimule des informations ou se sent acculé. De plus, lorsque les yeux clignent excessivement ou se déplacent rapidement dans l'environnement, cela peut révéler de la nervosité ou une tentative de distraction.

La tension musculaire dénonce également des états émotionnels négatifs. Des épaules relevées et une mâchoire serrée sont des signes clairs de stress ou de frustration. Souvent, les personnes qui tentent de contrôler leurs émotions finissent par tendre involontairement le visage, en pinçant les lèvres ou en fronçant les sourcils. Ces petits ajustements, qui peuvent ne durer que quelques secondes, révèlent que quelque chose dérange la personne, même si elle essaie de le dissimuler avec des mots neutres ou un ton de voix contrôlé.

L'agitation corporelle est un autre signe que quelque chose ne va pas bien. Des mouvements répétitifs, comme tapoter des doigts sur la table, balancer les pieds avec insistance ou manipuler des objets environnants, indiquent l'impatience, l'anxiété ou l'inconfort. Ce comportement peut se manifester particulièrement dans des situations de tension, comme les entretiens d'embauche, les réunions importantes ou les discussions délicates. Plus l'agitation du corps est grande, plus il est probable que la personne tente de gérer un malaise interne.

L'éloignement physique communique également des messages puissants. Quand quelqu'un s'éloigne subtilement au cours d'une conversation, il peut signaler un désir inconscient de mettre fin à l'interaction. Dans un environnement professionnel, un chef qui maintient une posture rigide et s'incline vers l'arrière en écoutant un employé peut transmettre du désintérêt ou du scepticisme quant à ce qui est dit. De même, une personne qui se positionne de manière latérale ou tourne les pieds dans une autre direction indique que son attention se dissipe ou qu'elle ne souhaite pas approfondir ce contact.

L'expression faciale joue un rôle crucial dans l'identification des signaux négatifs. Des lèvres serrées ou pincées révèlent une préoccupation ou une insatisfaction. Quand quelqu'un lève un des coins de la bouche de manière asymétrique, cela peut indiquer du dédain ou du sarcasme. Des regards fixes et froids, sans clignements naturels, sont souvent interprétés comme de l'intimidation ou une tentative d'imposition d'autorité. Le sourcil arqué ou froncé peut démontrer le doute ou la réprobation. De petits détails sur le visage, souvent imperceptibles pour la plupart des gens, portent des informations précieuses sur l'état émotionnel d'un interlocuteur.

La voix fait également partie de la communication non verbale et peut porter des indices d'émotions négatives. Quand quelqu'un répond de manière monotone et sans variations d'intonation, il peut être désintéressé ou émotionnellement distant. Si le ton de la voix monte soudainement, cela peut indiquer de l'irritation ou une tentative d'imposition. De longues pauses et des soupirs profonds peuvent suggérer de la frustration ou de la fatigue. Lorsque la parole devient plus accélérée et fragmentée, cela peut être un signe d'anxiété ou d'hésitation.

Outre les signes individuels, il est important d'analyser la combinaison de différents éléments du langage corporel pour une interprétation plus précise. Un seul geste isolé peut ne pas signifier grand-chose, mais lorsque plusieurs signaux négatifs apparaissent simultanément, le message devient plus clair. Quelqu'un qui croise les bras, détourne le regard et balance les pieds peut être impatient ou mal à l'aise. Une personne qui tend la mâchoire, parle d'un ton sec et maintient les poings serrés peut réprimer de la colère ou de la frustration.

Le contexte de l'interaction est également fondamental pour interpréter correctement les signaux négatifs. Dans un environnement formel, des gestes subtils peuvent porter des significations plus intenses que dans un contexte détendu. Dans une conversation informelle entre amis, un léger détournement du regard peut ne pas avoir une grande importance, mais dans une négociation commerciale, cette même attitude peut être interprétée comme un manque de confiance ou une hésitation.

Reconnaître les signaux négatifs dans le langage corporel ne signifie pas seulement détecter des émotions comme la colère ou l'impatience, mais aussi comprendre quand quelqu'un a besoin d'espace ou de soutien. Souvent, les gens ne verbalisent pas leurs malaises, mais leur corps transmet des messages qui peuvent être interprétés correctement par un observateur attentif. Un collègue de travail qui évite le contact visuel et maintient les bras croisés peut être confronté à une situation difficile. Un ami qui répond brièvement et maintient une posture fermée peut avoir besoin de soutien émotionnel.

Savoir identifier ces signaux permet d'ajuster l'approche pendant une conversation. Si un interlocuteur commence à montrer des signes d'impatience, cela peut indiquer que l'explication doit être plus objective. Si quelqu'un montre des signes d'inconfort en parlant d'un certain sujet, il est possible d'adoucir le ton de la conversation ou de changer de sujet pour éviter les situations embarrassantes. Cette sensibilité dans l'interprétation du langage corporel aide à créer des interactions plus empathiques et efficaces.

Il est important de rappeler que la lecture du langage corporel n'est pas une science exacte. Tous les signaux négatifs n'indiquent pas un problème, et un geste spécifique n'a pas toujours la même signification pour toutes les personnes. Chaque individu possède sa propre ligne de base comportementale, et les changements par rapport à ce standard sont plus significatifs que la présence isolée d'un geste ou d'une posture.

S'approfondir dans l'interprétation des signaux négatifs du langage corporel améliore non seulement la communication interpersonnelle, mais permet également des interactions plus sensibles et stratégiques. En percevant que quelqu'un manifeste de l'inconfort, de la tension ou du désintérêt, il est possible d'ajuster son propre comportement pour atténuer d'éventuels malentendus et éviter des conflits inutiles. Cette perception aiguisée favorise tant les relations personnelles que professionnelles, permettant un dialogue plus fluide et respectueux. La capacité à identifier ces signaux et à réagir de manière appropriée rend la communication plus équilibrée et moins sujette aux ruptures indésirables.

De plus, comprendre le langage corporel négatif permet de développer une posture plus consciente de soi. Souvent, nous envoyons des signaux de fermeture ou de mécontentement sans nous en rendre compte, affectant la manière dont les autres nous perçoivent et interprètent nos intentions. Observer et ajuster ces comportements peut améliorer significativement notre façon de nous connecter avec les autres, nous rendant plus accessibles et réceptifs. De petits changements, comme détendre l'expression faciale, maintenir un ton de voix plus stable et adopter des gestes moins défensifs, peuvent transformer complètement la dynamique d'une conversation et ouvrir la voie à des interactions plus productives et harmonieuses.

Maîtriser la lecture des signaux négatifs du langage corporel est donc un outil précieux pour renforcer les relations humaines. En combinant cette perception avec l'empathie et la flexibilité dans la communication, il devient plus facile de construire un environnement de compréhension mutuelle, où les malentendus sont minimisés et la connexion entre les personnes devient plus authentique. Ainsi, la capacité à interpréter et gérer les signaux non verbaux transforme chaque interaction en une opportunité de créer des liens plus solides et significatifs.

Chapitre 18
Émotions et Corps

Le corps humain est un reflet direct de ce qui se passe dans l'esprit. Les émotions, même lorsqu'elles ne sont pas verbalisées, laissent des marques visibles sur la posture, les gestes et l'expression faciale. Chaque sentiment génère une réaction physique qui, souvent, se produit de manière involontaire. La joie s'exprime par des sourires et des gestes expansifs ; la tristesse se manifeste par des épaules tombantes et un regard distant ; la peur peut être perçue par le rétrécissement du corps et la tension musculaire. Le lien entre l'émotion et le corps est si profond que, dans de nombreux cas, les signes physiques apparaissent avant même que la personne ne prenne conscience de ce qu'elle ressent.

L'état émotionnel d'un individu influence directement son langage corporel. Quand quelqu'un se sent confiant et heureux, la posture tend à être droite, les mouvements sont fluides et les muscles détendus. Le contact visuel devient plus naturel et le ton de la voix gagne des variations qui démontrent l'enthousiasme. D'un autre côté, lorsqu'il y a insécurité ou inconfort, le corps réagit différemment : la posture devient rétractée, les gestes diminuent et l'expression faciale peut se fermer. Ces changements sont si subtils que, souvent, ils passent inaperçus par la personne elle-même, mais sont captés inconsciemment par celui qui observe.

La joie est l'une des émotions les plus faciles à identifier dans le langage corporel. Un sourire sincère, connu sous le nom de sourire de Duchenne, implique non seulement les lèvres, mais aussi les muscles autour des yeux, créant de petites rides au coin externe. Ce type de sourire est difficile à falsifier, car il exige une activation musculaire spontanée associée à la joie véritable. En plus du sourire, d'autres signes de joie incluent une démarche plus légère, un rythme de parole animé et des gestes plus fréquents et lâches. Les personnes heureuses ont également tendance à incliner légèrement la tête en écoutant, démontrant implication et sympathie.

La tristesse, en revanche, se reflète dans une série de comportements corporels caractéristiques. Les épaules tombantes, la posture courbée et les mouvements lents sont des signes de découragement. Le regard peut se fixer au sol ou perdre son focus, et l'expression faciale devient plus effacée, avec peu de mouvement des muscles. Quand quelqu'un est triste, les gestes d'auto-consolation peuvent devenir plus fréquents, comme se frotter les mains, s'enlacer soi-même ou toucher le visage de manière répétée. Ces actions sont des tentatives inconscientes d'atténuer la sensation d'inconfort émotionnel.

La peur et l'anxiété ont également des manifestations corporelles claires. Le corps se raidit, les muscles se contractent et la respiration devient plus rapide et superficielle. Les yeux peuvent s'écarquiller en réponse à une menace perçue, et la personne peut incliner légèrement la tête en arrière, comme si elle tentait de s'éloigner du danger. Un autre signe commun de la peur est l'augmentation de l'agitation corporelle, comme balancer les pieds, se ronger les ongles ou manipuler répétitivement des objets. Dans des situations d'anxiété extrême, la personne peut même présenter de légers tremblements dans les mains ou une légère transpiration des paumes.

La colère est une émotion intense qui se manifeste de manière visible sur le corps. La musculature se contracte, en particulier dans la région de la mâchoire et des poignets. Les sourcils se rapprochent, créant des rides profondes sur le front, et les yeux peuvent se fixer intensément sur l'interlocuteur. Dans certaines situations, la colère génère des mouvements brusques et une posture de confrontation, avec la poitrine bombée et le corps projeté vers l'avant. Dans des cas plus extrêmes, la personne peut serrer les poings ou pincer les lèvres, retenant la tension avant de l'exprimer verbalement.

Le dégoût et le mépris sont des émotions qui, bien que subtiles, possèdent des signes spécifiques dans le langage corporel. Le dégoût est généralement exprimé par une légère contraction du nez et le relèvement de la lèvre supérieure, comme si la personne sentait une odeur désagréable. Le mépris se manifeste par un sourire asymétrique, où un seul côté de la bouche se soulève, accompagné d'un regard de supériorité. Ces deux sentiments peuvent être détectés en fractions de seconde, apparaissant rapidement avant que la personne ne tente de les dissimuler.

L'amour et l'affection se reflètent également sur le corps de manière marquante. Le contact visuel prolongé, les sourires fréquents et les gestes doux sont des signes de proximité émotionnelle. Quand quelqu'un apprécie une autre personne, la tendance est de s'incliner plus près pendant la conversation et de refléter inconsciemment les mouvements de l'autre. Le toucher joue également un rôle fondamental dans la démonstration d'affection : une légère tape sur le bras, un ajustement sur les vêtements de l'autre ou un contact prolongé en tenant les mains sont des formes subtiles d'exprimer de la tendresse sans avoir besoin de mots.

Outre les émotions primaires, il existe des états émotionnels plus subtils qui se reflètent également dans le langage corporel. L'ennui, par exemple, peut être identifié par le détournement fréquent du regard, le soutien de la tête dans les mains et les mouvements répétitifs, comme taper des doigts sur la table. L'impatience se manifeste par le rythme accéléré des mouvements, comme balancer les jambes ou consulter constamment son téléphone portable. La surprise est marquée par le haussement des sourcils, l'augmentation momentanée de la taille des yeux et, dans certains cas, par l'ouverture de la bouche.

Les émotions non seulement influencent le corps, mais peuvent aussi être influencées par lui. Des recherches indiquent qu'adopter une posture de confiance, comme maintenir la poitrine ouverte et les épaules alignées, peut augmenter la sensation de sécurité interne. De même, forcer un sourire pendant quelques secondes peut stimuler la libération de neurotransmetteurs liés au bien-être, améliorant temporairement l'humeur. Ce phénomène démontre que la relation entre le corps et l'esprit est une voie à double sens : tandis que les émotions façonnent la posture, la posture peut aussi façonner les émotions.

 Comprendre le lien entre les émotions et le langage corporel permet non seulement de mieux interpréter les autres, mais aussi de réguler ses propres réactions. Dans les situations de stress, contrôler la respiration et détendre les muscles peut réduire la sensation d'anxiété. En traitant avec quelqu'un d'irrité, reconnaître les signes physiques de tension peut aider à éviter une confrontation inutile. La lecture des émotions à travers le corps offre un outil puissant pour améliorer la communication et renforcer les relations.

 La perception émotionnelle ne se base pas uniquement sur un seul geste ou expression, mais sur la combinaison de multiples signes qui se produisent simultanément. Observer le contexte, le ton de la voix et l'historique comportemental de la personne est essentiel pour interpréter correctement ses émotions. Un sourire peut indiquer le bonheur, mais peut aussi être une tentative de cacher la tristesse. Un regard distant peut suggérer le désintérêt, mais peut aussi être un signe de réflexion profonde. Chaque personne exprime ses émotions de manière unique, et la lecture corporelle efficace exige de la sensibilité pour percevoir ces nuances.

 La relation entre émotions et corps n'est pas seulement un reflet involontaire des sentiments, mais aussi un outil de communication puissant. Savoir reconnaître et interpréter ces manifestations permet des interactions plus empathiques et authentiques, renforçant les liens interpersonnels. De plus, cette connexion entre l'esprit et le corps peut être explorée consciemment pour influencer les états émotionnels internes et améliorer le bien-être. De petits ajustements de posture, de ton de voix ou de respiration peuvent adoucir les émotions négatives et intensifier les positives, créant un impact significatif sur la façon dont nous nous sentons et nous lions aux autres.

Au cours de la vie, nous apprenons à moduler nos expressions et gestes pour nous adapter à différentes situations sociales. Cependant, même les signes les plus subtils peuvent révéler beaucoup sur notre état interne. Le défi consiste à développer une perception aiguisée pour comprendre non seulement les autres, mais aussi nous-mêmes. En devenant plus attentifs aux signes que notre corps transmet, nous acquérons un plus grand contrôle sur nos réactions émotionnelles et pouvons répondre aux situations de manière plus équilibrée. Cette maîtrise de la communication non verbale nous aide à éviter les malentendus, à construire des relations plus authentiques et à naviguer avec plus de sécurité dans les défis du quotidien.

La conscience de cette interconnexion entre émotions et corps est donc un outil précieux pour améliorer la communication et renforcer les liens humains. Plus nous développons notre capacité à interpréter et réguler le langage corporel, plus nous devenons capables d'influencer positivement nos interactions et émotions. Cette perception affinée nous permet non seulement de déchiffrer les sentiments d'autrui, mais aussi d'ajuster notre propre posture pour créer des environnements de plus grande compréhension et harmonie.

Chapitre 19
Maîtrise de Soi Corporelle

La communication non verbale ne se limite pas seulement à l'observation des autres. Tout comme il est possible d'interpréter les gestes et expressions d'autrui, il est également essentiel d'apprendre à contrôler son propre langage corporel pour transmettre le message souhaité. Souvent, la posture, le ton de la voix et les mouvements involontaires révèlent des émotions que nous aimerions cacher et, sans le contrôle approprié, peuvent nuire à la manière dont nous sommes perçus. Développer la maîtrise de soi corporelle permet de projeter la confiance, d'améliorer la présence dans des situations sociales et professionnelles et d'éviter que des émotions comme la nervosité, l'insécurité ou l'irritation n'interfèrent dans la communication.

La première étape pour améliorer la maîtrise de soi corporelle est la conscience. Une grande partie des gestes et expressions que nous utilisons quotidiennement sont faits de manière automatique, sans que nous percevions leur impact. Quelqu'un qui croise fréquemment les bras peut transmettre un message de fermeture, même sans intention. Une personne qui évite le contact visuel en parlant peut paraître peu sûre d'elle, même si elle est certaine de ce qu'elle dit. Le premier pas pour contrôler son propre langage corporel est de s'observer attentivement, en identifiant les schémas qui pourraient projeter une image indésirable.

Une technique efficace pour développer cette conscience est l'utilisation de miroirs ou d'enregistrements vidéo. En observant comment les gestes, postures et expressions se manifestent dans différentes situations, il devient plus facile de reconnaître ce qui doit être ajusté. De nombreux professionnels de la communication et du leadership utilisent cette stratégie pour perfectionner leur présence en public, en entraînant les expressions faciales, les gestes et la posture jusqu'à ce qu'ils transmettent exactement le message voulu.

La posture est l'un des éléments fondamentaux de la maîtrise de soi corporelle. Une posture droite, avec les épaules alignées et la tête haute, transmet confiance et sécurité. En revanche, une posture courbée, avec les épaules tombantes et le regard tourné vers le bas, peut suggérer le découragement ou l'insécurité. Ajuster la posture améliore non seulement la perception des autres, mais influence également la manière dont la personne elle-même se sent. Des études démontrent que maintenir une position de pouvoir pendant quelques minutes avant une situation difficile, comme une présentation ou un entretien, peut réduire les niveaux de cortisol, l'hormone du stress, et augmenter la sensation de confiance en soi.

Le contrôle de l'expression faciale est un autre aspect essentiel. Les expressions involontaires peuvent révéler des émotions que nous aimerions garder privées, comme l'impatience, la frustration ou la nervosité.

Maintenir le visage détendu, en évitant la tension sur le front ou les lèvres, aide à projeter une image plus calme et contrôlée. Le sourire est également un allié puissant dans la communication : un sourire sincère transmet l'accessibilité et crée un environnement positif, mais un sourire forcé peut être facilement détecté et générer de la méfiance.

Le contact visuel équilibré est l'un des facteurs les plus importants dans la perception de la confiance. Détourner constamment le regard peut transmettre de l'insécurité, tandis que fixer intensément peut être interprété comme de l'intimidation. L'idéal est de maintenir le contact visuel de manière naturelle, en alternant des moments de regard direct avec de petites pauses pour ne pas rendre l'interaction inconfortable. Pratiquer cet équilibre devant le miroir ou dans les interactions quotidiennes peut aider à développer un regard plus sûr et naturel.

Les gestes doivent également être contrôlés pour éviter qu'ils ne transmettent de mauvais messages. Des mouvements excessifs des mains peuvent démontrer de l'anxiété ou de l'impatience, tandis que des gestes très contenus peuvent rendre la communication rigide et peu engageante. L'idéal est d'utiliser des gestes modérés, qui renforcent la parole sans distraire l'interlocuteur. Dans des situations de haute pression, comme les entretiens d'embauche ou les discours publics, maintenir les mains fermes et éviter les mouvements répétitifs aide à projeter plus de crédibilité.

La respiration joue un rôle fondamental dans le contrôle du langage corporel. Quand une personne est nerveuse, sa respiration a tendance à devenir courte et rapide, ce qui peut affecter le ton de la voix et augmenter la sensation d'anxiété. Contrôler la respiration, en inspirant profondément et en expirant lentement, aide à maintenir le corps détendu et la voix stable. Les techniques de respiration sont largement utilisées par les conférenciers et les acteurs pour contrôler le trac avant des performances importantes.

Un autre aspect essentiel de la maîtrise de soi corporelle est la gestion de la tension musculaire. Quand quelqu'un est sous stress, les muscles du visage, des épaules et des mains ont tendance à se contracter involontairement. Cette tension peut être perçue par les autres et influencer la manière dont la personne est vue. Les techniques de relaxation, comme les étirements, la méditation ou simplement prêter attention à sa propre posture tout au long de la journée, aident à réduire cette tension et à maintenir un corps plus souple et naturel.

La voix fait également partie de la communication non verbale et peut être ajustée pour transmettre plus de confiance. Parler de manière accélérée peut démontrer de la nervosité, tandis qu'une parole excessivement posée peut paraître artificielle. L'idéal est de trouver un rythme équilibré, permettant des pauses naturelles et variant l'intonation pour maintenir l'intérêt de l'auditeur. La respiration profonde et le contrôle du volume de la voix sont des stratégies efficaces pour garantir que la communication soit claire et engageante.

Dans les situations de conflit ou de pression, maintenir la maîtrise de soi corporelle est essentiel pour éviter que les émotions négatives ne prennent le dessus sur l'interaction. Souvent, des réactions impulsives, comme des gestes brusques ou des expressions d'irritation, peuvent aggraver un désaccord. Contrôler ces impulsions, en respirant profondément et en ajustant la posture avant de répondre, permet à la communication de se dérouler de manière plus rationnelle et efficace. Les professionnels qui gèrent des négociations, le service client ou la gestion d'équipes connaissent l'importance de maintenir un langage corporel neutre et contrôlé pour éviter que les émotions n'interfèrent dans la prise de décision.

La maîtrise de soi corporelle ne signifie pas réprimer les émotions, mais plutôt apprendre à les gérer pour qu'elles s'expriment de la meilleure façon possible. Les émotions authentiques font partie de la communication humaine et peuvent renforcer une interaction lorsqu'elles sont exprimées de manière appropriée. Le secret réside dans la recherche d'un équilibre entre authenticité et contrôle, garantissant que le langage corporel soit aligné avec le message que l'on souhaite transmettre.

Entraîner la maîtrise de soi corporelle exige pratique et patience. De petits changements au quotidien, comme ajuster la posture en marchant, prêter attention aux gestes en parlant et contrôler la respiration dans les moments de stress, contribuent au développement de cette compétence. Plus une personne est consciente de son propre langage corporel, plus il sera facile de l'ajuster pour différents contextes, que ce soit lors d'une réunion d'affaires, d'une conversation informelle ou d'une présentation publique.

La pratique de la maîtrise de soi corporelle améliore non seulement la façon dont nous sommes perçus par les autres, mais renforce également notre confiance en nous et notre bien-être émotionnel. De petits ajustements de posture, de regard et d'intonation de la voix créent une présence plus sûre et équilibrée, reflétant une plus grande maîtrise de nos propres émotions. Ce contrôle conscient permet à la communication d'être plus claire et percutante, quel que soit le contexte. Après tout, transmettre sécurité et sérénité, même dans des situations difficiles, peut faire toute la différence dans le résultat d'une interaction.

De plus, la maîtrise du langage corporel nous aide à éviter que des émotions momentanées ne sabotent notre message. Des expressions d'impatience ou des gestes nerveux peuvent miner la crédibilité, tandis qu'une posture ferme et un regard attentif renforcent la confiance et l'autorité. Pratiquer cet équilibre est une stratégie précieuse pour quiconque souhaite se démarquer dans des environnements professionnels, renforcer les relations interpersonnelles et transmettre ses idées avec plus d'efficacité. La perception affinée de son propre corps contribue également à une plus grande intelligence émotionnelle, facilitant la maîtrise de soi face aux défis et aux imprévus.

Le développement de la maîtrise de soi corporelle va donc au-delà de la simple modulation de gestes ou d'expressions ; il s'agit d'un outil puissant pour améliorer la communication et cultiver un comportement plus conscient et stratégique. En alignant le langage corporel avec l'intention communicative, nous créons des interactions plus authentiques et percutantes, renforçant notre présence dans n'importe quel environnement. Plus nous entraînons cette compétence, plus la maîtrise de nos expressions devient naturelle et spontanée, nous permettant de nous présenter au monde de manière confiante et cohérente.

Chapitre 20
Exprimer la Confiance

La manière dont une personne se présente au monde influence directement la façon dont les autres la perçoivent. La confiance, l'un des traits les plus valorisés dans les interactions personnelles et professionnelles, n'est pas transmise uniquement par les mots, mais aussi par la posture, le ton de la voix et le langage corporel dans son ensemble. Les personnes qui expriment la confiance sans avoir besoin d'affirmer verbalement leur sécurité sont fréquemment perçues comme plus persuasives, charismatiques et influentes. Développer cette compétence améliore non seulement la communication interpersonnelle, mais peut également avoir un impact positif sur la manière dont quelqu'un est traité dans diverses situations.

Le premier élément qui reflète la confiance en soi est la posture. Une posture droite, avec les épaules alignées et le menton légèrement relevé, transmet sécurité et contrôle sur l'environnement. Au contraire, un corps recroquevillé, avec les épaules courbées et la tête basse, peut indiquer l'hésitation ou un manque de conviction. Les personnes confiantes occupent l'espace de manière équilibrée, sans paraître rétractées ou excessivement expansives. Ajuster consciemment sa posture améliore non seulement la perception des autres, mais renforce également intérieurement la sensation de confiance en soi.

Le contact visuel joue un rôle crucial dans la manière dont la confiance est perçue. Maintenir un regard ferme, sans être intimidant, démontre crédibilité et assertivité. Le détournement constant du regard peut suggérer l'insécurité ou l'inconfort, tandis qu'un regard trop fixe peut être interprété comme agressif. L'idéal est d'établir un contact visuel équilibré, en accompagnant la conversation de manière naturelle et attentive. Dans les situations formelles, comme les entretiens d'embauche ou les présentations, le maintien d'un contact visuel adéquat crée une connexion plus forte avec les auditeurs, renforçant le message transmis.

Les gestes sont également des outils puissants pour exprimer la confiance. Des mouvements contrôlés, naturels et cohérents avec la parole démontrent conviction et rendent la communication plus engageante. Éviter les gestes excessifs ou trop contenus est essentiel pour que le message soit transmis avec clarté. Les personnes qui parlent avec les mains de manière fluide ont tendance à paraître plus engageantes et persuasives, tandis que des gestes désordonnés peuvent indiquer de la nervosité. De plus, maintenir les paumes des mains visibles et tournées vers le haut transmet l'honnêteté et la transparence, tandis que cacher les mains dans les poches ou les croiser peut être interprété comme une fermeture ou un malaise.

Le ton de la voix est un autre facteur déterminant dans la perception de la confiance. Parler clairement, à un rythme modéré et avec une intonation ferme, augmente la crédibilité du message. Un ton de voix tremblant ou hésitant peut suggérer l'incertitude, tandis qu'une voix trop forte peut paraître agressive. La variation de l'intonation rend la parole plus intéressante et démontre le contrôle sur la communication. Les personnes confiantes utilisent des pauses stratégiques pour renforcer leurs points, évitant de parler rapidement ou de manière précipitée.

L'expression faciale communique également la confiance de manière subtile, mais efficace. Un visage détendu, avec un léger sourire et des sourcils en position neutre, transmet accessibilité et sécurité. Des expressions tendues ou excessivement sérieuses peuvent générer une distanciation, tandis qu'un sourire sincère peut rendre l'interaction plus agréable. L'authenticité est essentielle : les sourires forcés ou les expressions exagérées peuvent être facilement perçus et générer de la méfiance.

La maîtrise de son propre espace physique renforce la perception de sécurité. Les personnes confiantes ne montrent pas de précipitation excessive en se déplaçant, ni ne font de gestes désordonnés. Des mouvements précis et contrôlés démontrent une conscience corporelle et une maîtrise de soi. De plus, le positionnement adéquat dans l'environnement influence la perception des autres. S'asseoir fermement, en maintenant le tronc aligné et les pieds plantés au sol, renforce l'image de stabilité et de sécurité. Se tenir debout de manière équilibrée, sans osciller ni s'appuyer excessivement sur un côté, démontre contrôle et présence.

La vitesse et la fluidité de la communication verbale affectent également la perception de la confiance. Répondre rapidement, sans hésitation excessive, montre de la préparation et une maîtrise du sujet. Cependant, il est important d'éviter de précipiter les mots ou de parler à un rythme accéléré, car cela peut indiquer de l'anxiété. Des pauses naturelles entre les phrases et une respiration contrôlée aident à transmettre une image plus sûre et sereine.

En plus de transmettre la confiance aux autres, le langage corporel influence également l'esprit lui-même. Des études indiquent que l'adoption de postures expansives, connues sous le nom de "positions de pouvoir", peut augmenter temporairement la sensation de confiance en soi et réduire les niveaux de stress. Ces postures impliquent de maintenir le corps ouvert, les bras éloignés du tronc et la colonne vertébrale droite. Quelques minutes seulement dans une position de pouvoir peuvent avoir un impact sur la manière dont la personne se sent et se comporte dans des situations importantes.

La confiance exprimée par le langage corporel doit toujours être accompagnée d'une cohérence entre les mots et les actions. Lorsqu'il y a une déconnexion entre ce qui est dit et ce que le corps communique, la crédibilité est affectée. Un discours sûr, mais accompagné de gestes nerveux et de postures rétractées, peut générer des doutes sur l'authenticité du message. C'est pourquoi il est essentiel d'aligner la communication verbale et non verbale pour garantir une présentation cohérente et percutante.

Développer la capacité à exprimer la confiance demande de la pratique et une observation continue. De petits ajustements quotidiens de la posture, du ton de la voix et des gestes peuvent faire une grande différence dans la façon dont quelqu'un est perçu. Pratiquer devant le miroir, s'enregistrer en parlant ou demander des retours à des amis et collègues sont des stratégies utiles pour perfectionner la communication non verbale. Plus le contrôle de son propre langage corporel devient conscient, plus la projection de confiance sera naturelle et authentique.

Dans les environnements professionnels, la manière dont la confiance est démontrée peut avoir un impact direct sur le succès d'un individu. Les leaders qui s'expriment avec assurance inspirent le respect et motivent leurs équipes. Les professionnels qui communiquent la confiance lors de réunions et de présentations sont plus persuasifs et ont plus de facilité à gagner en crédibilité. Dans les négociations, la posture confiante peut influencer le résultat, transmettant fermeté et contrôle sur la situation.

Dans les interactions sociales, la confiance démontrée par le langage corporel affecte la manière dont les autres répondent. Les personnes qui se présentent de manière sûre ont tendance à être mieux accueillies et à générer une impression positive dès les premières minutes d'une conversation. La communication fluide et ouverte facilite la construction de relations, rendant les interactions plus naturelles et agréables.

La perception de la confiance est également influencée par la cohérence. Une personne qui se comporte de manière confiante seulement dans certaines situations, mais montre de l'insécurité dans d'autres, peut générer des doutes sur son authenticité. La pratique continue de la communication non verbale renforce la naturalité dans l'expression de la confiance, en faisant un trait plus évident et stable au fil du temps.

La confiance exprimée par le langage corporel ne relève pas seulement de l'apparence, mais d'un reflet authentique de l'état interne d'une personne. Lorsque le corps transmet la sécurité de manière authentique, cela a un impact positif tant sur la perception des autres que sur la manière dont l'individu se sent. De petits ajustements de posture, de ton de voix et de gestes créent une présence plus ferme et convaincante, rendant les interactions plus fluides et percutantes. De plus, la pratique constante de la maîtrise de soi corporelle renforce la cohérence entre le message verbal et non verbal, éliminant les signes involontaires d'hésitation ou de malaise.

Au fil du temps, la capacité à démontrer la confiance devient plus naturelle et intégrée au comportement quotidien. Cela ne signifie pas éliminer complètement les signes de nervosité ou d'insécurité, mais plutôt apprendre à les gérer pour qu'ils ne dominent pas la communication. La perception attentive de son propre langage corporel et l'application de techniques d'ajustement progressif aident à construire une présence plus assertive et influente. Les professionnels, les leaders et toute personne souhaitant se démarquer dans les interactions interpersonnelles peuvent bénéficier de cette compétence, car la confiance transmise par le corps est un facteur décisif dans la construction de la crédibilité et du respect.

Exprimer la confiance va donc au-delà des techniques superficielles ; il s'agit d'un équilibre entre connaissance de soi, pratique et cohérence. Plus le langage corporel est aligné avec la véritable sécurité intérieure, plus la communication sera naturelle et persuasive. Que ce soit dans un environnement professionnel, social ou même face aux défis du quotidien, la manière dont nous nous présentons au monde façonne la façon dont nous sommes perçus. Développer cette compétence avec authenticité ouvre des portes, renforce les relations et potentialise l'impact de la présence personnelle dans n'importe quelle situation.

Chapitre 21
Influence Positive

Le langage corporel a un impact profond sur la manière dont les personnes établissent des relations et interagissent. Lorsqu'il est utilisé de manière consciente et positive, il devient un outil puissant pour renforcer les connexions, influencer les perceptions et créer un environnement de communication plus harmonieux. L'influence positive ne relève pas de la manipulation ou de la persuasion forcée, mais plutôt de l'utilisation stratégique de la communication non verbale pour générer la confiance, encourager le dialogue et construire des relations saines dans différents contextes. De petits ajustements de posture, de gestes et d'expression faciale peuvent transformer la manière dont une personne est perçue, rendant ses interactions plus efficaces et engageantes.

Le premier élément essentiel pour exercer une influence positive est de démontrer ouverture et réceptivité. Maintenir une posture détendue, sans croiser les bras ni incliner excessivement le corps vers l'arrière, transmet un message d'accessibilité. Quand quelqu'un se positionne de manière réceptive, les autres ont tendance à répondre de manière similaire, créant un cycle de communication plus naturel et fluide. Le corps agit comme un miroir qui reflète la disposition émotionnelle : si une personne adopte une posture fermée et défensive, cela peut décourager l'interaction ; si, en revanche, elle présente un langage corporel accueillant, les chances d'établir une connexion augmentent significativement.

Le contact visuel joue un rôle fondamental dans l'influence positive. Regarder directement l'interlocuteur, sans exagération, démontre intérêt et respect. Quand quelqu'un maintient un contact visuel équilibré pendant une conversation, la sensation d'engagement est renforcée, rendant la communication plus engageante. Cependant, il est important d'éviter les regards fixes et intenses, qui peuvent être interprétés comme de l'intimidation. La naturalité du regard transmet la sécurité et favorise une interaction plus confortable et sincère.

Les gestes sont également des éléments essentiels dans la création d'une influence positive. Des mouvements doux et naturels, qui accompagnent la parole de manière fluide, rendent la communication plus dynamique et accessible. L'utilisation contrôlée des mains pour souligner des points importants démontre enthousiasme et clarté dans le message. D'un autre côté, des gestes brusques ou excessifs peuvent transmettre impatience ou anxiété, nuisant à l'harmonie de l'interaction. La modération est la clé pour que les gestes contribuent à la fluidité de la communication, sans devenir une distraction.

L'expression faciale complète les gestes et renforce l'influence positive. Un sourire sincère crée un climat de sympathie et de connexion, facilitant le rapprochement entre les personnes. Lorsque l'expression faciale est alignée avec le ton de la conversation, la communication devient plus authentique. Des expressions neutres ou excessivement sérieuses peuvent rendre l'interaction difficile, tandis que des expressions chaleureuses et amicales rendent l'environnement plus accueillant. De petits ajustements, comme lever légèrement les sourcils en entendant quelque chose d'intéressant ou hocher la tête en signe d'accord, peuvent faire une grande différence dans la façon dont le message est reçu.

L'influence positive peut également être exercée par la synchronie dans la communication. Lorsque deux personnes sont en phase, leurs mouvements et postures ont tendance à s'aligner naturellement. Ce phénomène, connu sous le nom de miroir, se produit spontanément lorsqu'il y a empathie et connexion authentique. Cependant, le miroir peut également être appliqué consciemment pour renforcer les liens. Ajuster légèrement la posture pour accompagner celle de l'interlocuteur ou adapter le rythme de la parole au sien peut générer une sensation de familiarité et de syntonie, rendant l'interaction plus engageante. Le secret réside dans la subtilité : un miroir exagéré peut paraître forcé et artificiel, tandis qu'une adaptation naturelle renforce la connexion de manière authentique.

Le ton de la voix est un autre facteur déterminant dans la manière dont l'influence positive est perçue. Parler avec un ton équilibré, sans précipitation ni hésitation excessive, transmet confiance et crédibilité.

La variation de l'intonation évite que la parole ne soit monotone et maintient l'intérêt de l'interlocuteur. La manière dont les mots sont prononcés influence directement la réception du message. Un ton accueillant et calme peut soulager les tensions dans une conversation difficile, tandis qu'une intonation ferme peut renforcer une position de leadership et de sécurité.

L'occupation de l'espace contribue également à l'influence positive. Les personnes qui démontrent du confort dans leur propre espace physique projettent une image de sécurité et de contrôle. S'asseoir ou se tenir debout de manière équilibrée, sans manifester d'agitation ou d'hésitation, renforce la présence personnelle. Des mouvements contrôlés et des postures stables aident à transmettre une sensation d'autorité naturelle, sans besoin d'imposition.

L'influence positive se manifeste de manière particulièrement puissante dans les environnements professionnels. Les leaders qui utilisent efficacement le langage corporel parviennent à inspirer leurs équipes, à créer un environnement de travail plus productif et à construire des relations de confiance. Un leader qui maintient le contact visuel avec son équipe, adopte une posture ouverte et utilise des gestes engageants a plus de facilité à motiver et à engager ses collaborateurs. La communication claire et assertive, accompagnée d'un langage corporel aligné, renforce la crédibilité et le leadership.

Dans les négociations, l'influence positive peut déterminer le succès d'un accord. Maintenir une posture détendue et sûre, éviter de croiser les bras ou de manifester de l'impatience et utiliser des pauses stratégiques dans la parole sont des stratégies efficaces pour créer un environnement de confiance. Un négociateur qui transmet sécurité et réceptivité a plus de chances d'obtenir un résultat favorable, car son langage corporel renforce sa crédibilité. L'équilibre entre fermeté et accessibilité rend la négociation plus efficace et productive.

Dans le contexte social, l'influence positive peut être appliquée pour renforcer les liens et améliorer la qualité des interactions. Démontrer un intérêt sincère pour les autres par le biais du langage corporel crée un environnement de connexion et de proximité. De petits gestes, comme s'incliner légèrement vers l'avant en écoutant une histoire ou maintenir un sourire spontané pendant la conversation, rendent l'interaction plus engageante et significative. Les gens ont tendance à se sentir plus valorisés lorsqu'ils perçoivent que l'autre est véritablement présent dans la communication.

La pratique de l'influence positive requiert connaissance de soi et conscience corporelle. Observer son propre langage corporel dans différentes situations aide à identifier les schémas qui peuvent être ajustés pour améliorer la communication. De petits changements de posture, d'expression faciale et de ton de voix peuvent avoir un impact majeur sur la manière dont les interactions sont menées. La perception des réactions des autres fournit également des indices sur l'efficacité de l'influence exercée, permettant des ajustements subtils pour améliorer la connexion interpersonnelle.

L'influence positive ne repose pas seulement sur le langage corporel isolé, mais sur la cohérence entre les mots, les gestes et les intentions. Lorsqu'il y a harmonie entre la communication verbale et non verbale, le message devient plus clair et convaincant. Les personnes qui démontrent authenticité et confiance par leur présence physique sont naturellement plus persuasives et charismatiques. La cohérence dans l'expression du langage corporel renforce la crédibilité et consolide la perception de confiance et de respect.

Le développement de l'influence positive par le langage corporel ne se limite pas à des ajustements momentanés ou à des stratégies ponctuelles, mais se construit de manière continue, à mesure que la personne devient plus consciente de sa communication et de l'impact qu'elle génère. La pratique constante de ces principes mène à une présence plus marquante et authentique, rendant les interactions plus fluides et naturelles. De plus, l'observation attentive du comportement d'autrui permet un ajustement plus affiné de ses propres attitudes, garantissant que la communication soit toujours réceptive et adaptée au contexte, sans paraître forcée ou artificielle.

Lorsque l'influence positive devient partie intégrante de l'identité de quelqu'un, son effet s'étend au-delà des mots et des gestes, façonnant la manière dont cette personne est perçue et comment elle influence l'environnement autour d'elle. Les leaders charismatiques, les négociateurs efficaces et les individus socialement engageants partagent cette capacité à aligner leur présence physique avec leurs intentions et valeurs, créant une communication plus percutante. La maîtrise du langage corporel favorise non seulement des relations interpersonnelles plus harmonieuses, mais aussi la croissance personnelle et professionnelle, permettant à chaque interaction de se transformer en une opportunité de connexion et de construction de confiance.

L'influence positive n'est pas un ensemble de techniques isolées, mais une expression de l'authenticité et du respect dans les interactions humaines. Lorsque les mots, les gestes et les intentions sont en harmonie, la communication devient puissante et authentique, renforçant les liens et élargissant les possibilités. Le langage corporel, lorsqu'il est utilisé avec conscience et intention, non seulement transmet des messages, mais renforce les valeurs, inspire la confiance et laisse une marque durable à chaque échange de regards, poignée de main ou sourire partagé.

Chapitre 22
Signes de Mensonge

Le mensonge, aussi raffiné soit-il, laisse des traces. Le corps, même entraîné, a des difficultés à dissimuler les réflexes naturels qui surgissent face à la dissimulation. Il n'existe pas un seul signe infaillible indiquant avec certitude que quelqu'un ment, mais plutôt un ensemble de micro-expressions, de gestes involontaires et de changements de comportement qui, observés attentivement, peuvent révéler des incohérences entre ce qui est dit et ce qui se manifeste physiquement. Le secret réside dans la lecture contextuelle : le corps livre ce que l'esprit tente de cacher.

Tout d'abord, il est fondamental de comprendre que le mensonge génère un conflit interne. Le cerveau doit coordonner l'histoire fictive tout en maintenant une apparence de naturel. Cette surcharge cognitive peut se manifester de diverses manières dans le corps, allant de petites altérations du ton de la voix à de subtils changements de posture. Le problème pour le menteur est que son esprit est concentré sur le maintien de la cohérence verbale, laissant échapper des signes non verbaux qui dénoncent l'inconfort.

Les yeux sont souvent désignés comme les traîtres du mensonge. L'un des mythes les plus répandus est qu'une personne qui ment évitera le contact visuel. Bien que cela puisse se produire, ce n'est pas une règle universelle. Certains individus entraînés à la dissimulation font exactement le contraire : ils soutiennent le regard de manière exagérée, tentant de compenser l'impression qu'ils pourraient cacher quelque chose. Le plus révélateur, en réalité, ce sont les changements soudains dans la fréquence du contact visuel. Quelqu'un qui maintient normalement un regard fluide peut, en mentant, détourner les yeux un bref instant à des moments spécifiques de son discours. De petits mouvements latéraux des yeux, généralement rapides et involontaires, peuvent également indiquer une hésitation ou une recherche interne de cohérence dans l'histoire racontée.

Le visage, cette scène d'émotions spontanées, affiche souvent des micro-expressions incompatibles avec le discours du menteur. Un sourire nerveux peut apparaître et disparaître en millisecondes, un froncement de sourcils peut surgir avant que la voix n'achève une phrase prétendument calme. Ces micro-expressions, étudiées par des spécialistes comme Paul Ekman, sont des réponses émotionnelles authentiques qui s'échappent avant que l'individu ne puisse les supprimer. Une personne qui affirme être confiante, mais laisse transparaître un éclair d'inquiétude, peut cacher quelque chose.

Outre les expressions faciales, le corps entier peut dénoncer des incohérences. Les mains sont particulièrement révélatrices. Quand quelqu'un est à l'aise et dit la vérité, il gesticule de manière fluide et naturelle, accompagnant le rythme de la parole. En revanche, un menteur peut présenter des gestes mécaniques, tronqués ou même une absence soudaine de gesticulation. Certaines personnes cachent leurs mains dans leurs poches ou les maintiennent rigides sur une surface, comme si elles craignaient qu'un mouvement incontrôlé ne les trahisse. D'autres peuvent afficher des comportements compensatoires, touchant plus fréquemment leur visage – en particulier le nez, la bouche ou le cou.

Le nez, d'ailleurs, mérite une attention particulière. Des études suggèrent que l'acte de mentir peut provoquer une légère augmentation de la circulation sanguine dans la région, amenant certaines personnes à se frotter involontairement le nez. Cela ne signifie pas que tout contact avec le nez indique un mensonge, mais, dans un contexte suspect, cela peut être un détail pertinent.

Un autre indicateur précieux est l'incongruence entre la parole et le comportement corporel. Si quelqu'un affirme être sûr de quelque chose, mais que son corps transmet des signes de tension – épaules relevées, bras croisés ou un léger recul en parlant – il y a un désalignement qui mérite d'être noté. Il en va de même pour les affirmations emphatiques suivies de gestes de doute, comme hausser légèrement les épaules.

La respiration peut également changer subtilement pendant un mensonge. De petits ajustements dans la cadence respiratoire, une inspiration plus courte ou une modification de la profondeur des expirations, sont des signes que le corps réagit au stress de maintenir la supercherie. Dans les mensonges plus élaborés, où la personne doit se souvenir et articuler des détails faux, on peut noter une augmentation de la tension dans la voix. Le ton peut monter légèrement ou perdre sa fluidité habituelle, des pauses inutiles apparaissant, indiquant que l'esprit est surchargé par l'organisation du récit.

Les pieds, souvent ignorés dans les analyses superficielles, peuvent être l'une des parties les plus sincères du corps. Quand quelqu'un ment, il peut inconsciemment pointer les pieds dans la direction opposée à l'interlocuteur, un réflexe primitif de désir de fuite. Ce détail peut être particulièrement révélateur lorsqu'il est contrasté avec le reste de la posture : un corps apparemment calme, mais avec des pieds agités, peut démontrer un désir interne de s'éloigner de cette conversation.

L'observation attentive de ces signes exige cependant patience et discernement. Aucun comportement isolé ne doit être interprété comme une preuve définitive de mensonge. Au lieu de cela, il est nécessaire d'analyser un ensemble de facteurs et de les comparer au comportement habituel de la personne. D'où l'importance de connaître sa ligne de base (comme discuté au chapitre 12). Une personne naturellement anxieuse peut présenter des signes similaires à quelqu'un qui ment, mais son comportement suivra un schéma récurrent, tandis qu'un menteur manifestera des variations spécifiques uniquement au moment du mensonge.

Outre les signes physiques, la structure de la parole peut également fournir des indices importants. Des réponses excessivement élaborées, pleines de détails inutiles, peuvent être un effort pour rendre l'histoire plus convaincante. D'un autre côté, des réponses excessivement courtes et évasives peuvent indiquer que la personne évite de s'approfondir dans son propre mensonge.

Une autre stratégie utile est l'application de questions inattendues. Lorsqu'il est pressé de détailler une histoire inventée, le menteur peut hésiter ou fournir des informations incohérentes. La tension augmente lorsqu'il doit répéter la même histoire, car maintenir la cohérence exige un effort mental.

La détection des mensonges ne repose donc pas sur un seul signe sans équivoque, mais sur l'analyse de l'ensemble des comportements et des schémas. La clé réside dans l'observation attentive et dans la comparaison entre le langage corporel habituel de la personne et les changements subtils qui surgissent dans des contextes spécifiques. De plus, il est fondamental de considérer l'environnement et les circonstances de la conversation, car des facteurs externes, comme la nervosité naturelle ou l'inconfort situationnel, peuvent influencer les réactions physiques sans nécessairement indiquer une tentative de tromperie. L'attention au contexte permet une lecture plus précise et évite les interprétations hâtives.

Un autre aspect pertinent dans l'identification des signes de mensonge est l'interaction entre les indices verbaux et non verbaux. Lorsqu'il y a cohérence entre ce qui est dit et la manière dont le corps se comporte, la communication tend à être plus authentique. Cependant, lorsque des contradictions surgissent, comme un ton de voix assuré accompagné de gestes hésitants ou un sourire forcé suivi d'un regard détourné, il y a un indice que quelque chose n'est pas aligné. Cette divergence peut être subtile, mais pour un observateur attentif, elle devient une piste précieuse.

L'idéal n'est pas seulement d'identifier ces signes, mais de comprendre leur signification dans le contexte de la conversation et du profil de l'interlocuteur. Bien que le mensonge puisse être sophistiqué et bien élaboré, le corps trouve toujours des moyens d'exprimer la vérité. De petits gestes, des variations dans la parole et des changements de posture sont des fragments d'un puzzle qui, analysés avec patience et expérience, révèlent des informations que les mots tentent de dissimuler. Cependant, plus important que de démasquer les mensonges est de développer une perception aiguë des interactions humaines, rendant la communication plus transparente et significative. Après tout, comprendre les signes du corps n'est pas seulement un outil de détection, mais un chemin vers des connexions plus authentiques et empathiques.

Chapitre 23
Micro-expressions Faciales

Le visage humain est une scène où les émotions surgissent et disparaissent en fractions de seconde, souvent sans même que nous nous en apercevions. Les micro-expressions faciales sont de brèves manifestations involontaires qui révèlent les sentiments véritables avant que le cerveau n'ait le temps de les contrôler. Contrairement aux expressions faciales communes, qui peuvent être répétées ou modifiées consciemment, les micro-expressions sont presque impossibles à supprimer. Elles émergent instantanément comme des réflexes émotionnels, trahissant le masque social que nous tentons de maintenir.

Au fil de l'histoire, diverses cultures ont tenté d'interpréter les émotions humaines à travers le visage. Cependant, ce n'est qu'au XXe siècle que des études scientifiques ont apporté des preuves concrètes sur l'universalité des expressions faciales. Le psychologue Paul Ekman fut l'un des pionniers dans ce domaine, démontrant que les micro-expressions sont communes à toutes les personnes, indépendamment de la culture ou de la nationalité. Cela signifie que des sentiments comme la colère, la peur, le dégoût, la joie, la surprise et la tristesse se manifestent de manière similaire sur le visage humain, quel que soit la langue parlée ou le contexte social.

L'importance des micro-expressions dans la lecture corporelle réside dans le fait qu'elles surgissent spontanément, échappant au contrôle conscient. Quand quelqu'un essaie de cacher un sentiment, comme l'inconfort ou le mépris, il peut même contrôler son langage verbal et ses gestes corporels, mais il évitera difficilement la brève contraction d'un muscle facial qui dénonce la vérité. Ces expressions passagères durent moins d'une demi-seconde et, pour la plupart des gens, passent inaperçues. Cependant, pour ceux qui entraînent leur observation, elles deviennent un instrument précieux pour comprendre ce qui se passe réellement dans l'esprit de l'interlocuteur.

La micro-expression de surprise, par exemple, est caractérisée par des yeux écarquillés, des sourcils levés et une bouche légèrement ouverte. Cette réaction surgit automatiquement quand quelqu'un est pris par surprise. Cependant, si une personne feint la surprise en recevant une nouvelle, son expression peut se manifester de manière tardive ou trop prolongée, révélant que la réaction n'était pas authentique. De même, la micro-expression de dégoût, avec le relèvement de la lèvre supérieure et le plissement du nez, peut apparaître un instant quand quelqu'un entend quelque chose qui lui déplaît, même s'il essaie de le dissimuler.

La colère, une émotion intense et fréquemment réprimée, peut également se manifester par des micro-expressions subtiles. Le froncement soudain du front, la contraction de la mâchoire et le rétrécissement des yeux peuvent surgir avant que la personne ne parvienne à adoucir son expression. Confronté à une situation irritante, quelqu'un peut sourire diplomatiquement, mais un observateur attentif peut remarquer le bref éclair d'hostilité avant que le sourire ne se forme complètement.

La peur, quant à elle, se révèle par la tension des muscles autour des yeux et l'ouverture soudaine de la bouche. Même lorsque quelqu'un essaie de garder son calme dans une situation de risque ou d'inconfort, la micro-expression de peur peut s'échapper un instant, dénonçant sa véritable appréhension. Ce type d'observation peut être utile dans diverses situations, des négociations aux interrogatoires, où la détection de l'émotion réelle peut fournir des informations précieuses sur l'état mental de la personne observée.

La joie authentique, contrairement aux sourires sociaux ou forcés, implique non seulement la bouche, mais aussi les yeux. Les fameuses "pattes d'oie" autour des yeux et l'élévation des joues indiquent que le sourire est sincère. En revanche, un sourire artificiel se limite à la bouche, sans implication de la musculature oculaire, pouvant indiquer un geste poli ou même une tentative de dissimulation.

La tristesse, peut-être l'une des émotions les plus difficiles à cacher, se manifeste par la chute des coins de la bouche, l'abaissement des sourcils et la légère inclinaison de la tête vers le bas. Les personnes essayant de paraître fortes peuvent masquer leur tristesse avec des expressions neutres ou même forcées, mais un micro-haussement d'épaules ou un regard qui s'abaisse rapidement peut dénoncer leur véritable fragilité émotionnelle.

Entraîner la perception de ces micro-expressions exige patience et pratique. Comme elles sont extrêmement rapides, elles ne peuvent souvent être perçues que si l'observateur est attentif aux petites variations sur le visage de l'interlocuteur. Les professionnels tels que les enquêteurs, les négociateurs et les psychologues se spécialisent fréquemment dans cette compétence, car la capacité à identifier les émotions non verbalisées peut être décisive dans leurs domaines d'activité.

Cependant, l'interprétation des micro-expressions doit toujours être contextualisée. Une expression momentanée de peur ou de colère peut ne pas être directement liée à la conversation, mais à des pensées internes de la personne. La lecture correcte exige une combinaison d'observation et d'analyse, en tenant compte non seulement de ce qui est vu, mais aussi du comportement général de l'individu et de l'environnement de l'interaction.

De plus, il est important de souligner que la détection des micro-expressions ne doit pas être utilisée de manière hâtive pour tirer des conclusions définitives. Ce sont des indices précieux, mais pas des preuves absolues. La capacité à percevoir ces signes doit s'accompagner de sensibilité et d'éthique, évitant les jugements hâtifs ou les accusations infondées.

La compréhension des micro-expressions faciales améliore non seulement la lecture des émotions d'autrui, mais permet également un regard plus attentif sur ses propres réactions involontaires. En devenant plus conscients de nos expressions et de ce qu'elles révèlent, nous développons un plus grand contrôle sur la manière dont nous nous présentons au monde, que ce soit dans les interactions personnelles, professionnelles ou même dans les moments de tension et de prise de décision. Cette connaissance permet d'ajuster la communication de manière plus authentique et efficace, rendant les échanges interpersonnels plus transparents et significatifs.

Outre l'aspect technique, la capacité à identifier les micro-expressions renforce l'empathie. En percevant des signes subtils d'émotions réprimées ou non verbalisées, nous pouvons mieux nous connecter avec les personnes qui nous entourent, en faisant preuve de compréhension et d'accueil même lorsque les mots ne suffisent pas. Dans des contextes de négociation, de leadership ou de conseil, cette perception peut être un atout puissant, aidant à construire la confiance et à adapter les approches en fonction des réactions émotionnelles de l'interlocuteur. Savoir quand insister sur un argument ou quand reculer peut être la clé d'une communication plus stratégique et persuasive.

La lecture des micro-expressions ne consiste pas seulement à détecter des mensonges ou à analyser les émotions d'autrui, mais à améliorer la manière dont nous nous lions et comprenons les autres. En développant cette compétence avec sensibilité et discernement, nous élargissons notre capacité de connexion humaine, rendant les interactions plus authentiques et profondes. Après tout, même les émotions les plus éphémères laissent des traces, et savoir les interpréter nous permet de voir au-delà des mots, accédant à la vérité cachée dans les petits gestes que le visage insiste à révéler.

Chapitre 24
Dissimulation et Occultation

Le mensonge ne se manifeste pas seulement par des mots directs et affirmatifs. Souvent, la véritable stratégie de la dissimulation ne réside pas dans l'invention de faits, mais dans la manière dont certaines informations sont cachées, déformées ou laissées au second plan. L'occultation est un art subtil, où la vérité peut être présente, mais diluée entre omissions et ambiguïtés. Celui qui cherche à tromper invente rarement des histoires complètement fausses — cela exige de la créativité et un grand effort pour maintenir la cohérence. Au lieu de cela, les menteurs habiles préfèrent travailler avec des demi-vérités, utilisant les failles et les lacunes du discours pour créer une perception erronée sans nécessairement dire quelque chose qui puisse être facilement démenti.

La dissimulation se produit à tous les niveaux de la communication humaine. Dans une conversation informelle, cela peut être aussi simple que d'éviter de répondre directement à une question. Dans des contextes plus élaborés, comme la politique ou les enquêtes, cela peut impliquer l'utilisation stratégique du langage corporel pour détourner l'attention ou induire une fausse impression.

L'une des principales caractéristiques de quelqu'un qui cache la vérité est la réticence à fournir des détails précis. Tandis que les personnes honnêtes décrivent généralement les événements avec fluidité et spontanéité, quelqu'un qui a quelque chose à cacher peut hésiter, éviter les détails spécifiques ou même répéter des phrases vagues pour ne pas se compromettre. Le corps, cependant, expose fréquemment ce que l'esprit tente de cacher.

Quand quelqu'un ment par omission, il peut manifester des signes subtils d'inconfort. De petits ajustements de posture, comme croiser soudainement les bras ou incliner légèrement le corps vers l'arrière, peuvent indiquer un désir inconscient de se protéger de la conversation. Le contact visuel peut également subir des altérations : au lieu de détourner complètement le regard, le dissimulateur peut maintenir un regard fixe et exagérément attentif, tentant de convaincre par l'insistance.

Les mains jouent souvent un rôle crucial dans ce jeu d'occultation. Dans les situations de nervosité, la tendance naturelle est de gesticuler de manière moins fluide. Beaucoup de gens cachent leurs mains dans leurs poches, croisent les doigts ou même tiennent des objets pour éviter que leurs gestes ne trahissent leur agitation. Une autre piste révélatrice peut résider dans les mouvements subtils des mains vers le visage, comme se gratter le nez, toucher la bouche ou lisser les cheveux à plusieurs reprises — actions inconscientes associées au désir de bloquer ou d'adoucir la vérité.

Le ton de la voix peut également fournir des indices précieux. En général, l'occultation génère une tension interne, ce qui peut entraîner de petites variations dans le timbre de la voix. Les réponses peuvent être données de manière plus posée, comme si la personne pesait ses mots avant de parler. Un changement soudain dans la vitesse de la parole ou dans l'intonation peut indiquer une tentative de masquer des incertitudes ou d'ajuster le récit en temps réel. Le silence stratégique est également un outil fréquemment utilisé. Au lieu de répondre promptement, le dissimulateur peut marquer une pause avant de parler, espérant que l'interlocuteur change de sujet ou accepte une réponse incomplète.

Un autre aspect fondamental dans la détection de l'occultation est l'analyse de la cohérence entre les mots et les expressions corporelles. Si quelqu'un dit être à l'aise, mais maintient les épaules tendues et la mâchoire serrée, il y a un décalage entre le discours et le langage corporel. De petits haussements d'épaules ou des sourires forcés peuvent être des signes que la personne n'est pas totalement transparente. Cette incohérence est particulièrement évidente dans les situations de stress, où le contrôle sur la communication non verbale devient plus difficile.

Le sourire social est l'un des exemples les plus classiques de dissimulation. Contrairement au sourire sincère, qui implique non seulement la bouche mais aussi les yeux et les muscles faciaux, le sourire forcé tend à être superficiel, limité à la région de la bouche. Il peut être utilisé comme un masque pour cacher des émotions réelles, comme l'inconfort ou le mécontentement. En observant quelqu'un qui sourit tout en verbalisant quelque chose de négatif ou de délicat, il est possible de percevoir une tentative d'adoucir le message ou de minimiser son impact émotionnel.

La dissimulation peut également se manifester par le choix soigneux des mots. Les personnes qui tentent de cacher quelque chose utilisent souvent des phrases excessivement génériques ou distantes, évitant les références directes au sujet principal. L'utilisation d'euphémismes, comme remplacer des mots forts par des termes plus doux, peut également être une indication que quelque chose est omis. Dans certains cas, le dissimulateur peut recourir à des discours élaborés, pleins d'informations non pertinentes, pour détourner l'attention de ce qui compte réellement.

Dans le contexte des interrogatoires et des enquêtes, des techniques spécifiques sont utilisées pour exposer l'occultation. L'une d'elles consiste à répéter des questions à différents moments de la conversation. Si une personne ment par omission, elle peut finir par fournir des versions légèrement différentes de son histoire, car elle doit se souvenir de ce qu'elle n'a pas dit précédemment. Une autre stratégie efficace consiste à poser des questions inattendues, forçant l'individu à sortir du scénario mental préalablement répété. La manière dont la personne réagit à ces questions peut révéler son niveau d'inconfort et d'incohérence.

L'occultation, cependant, n'est pas toujours intentionnelle. Souvent, les gens omettent des informations par insécurité, peur ou honte. Dans les relations personnelles, quelqu'un peut cacher ses vrais sentiments pour éviter les conflits ou paraître vulnérable. Dans l'environnement professionnel, un employé peut omettre des difficultés dans un projet pour ne pas être perçu comme incompétent. Dans ces cas, les signes de dissimulation peuvent être davantage liés à des émotions réprimées qu'à une tentative consciente de tromper.

L'interprétation de ces signes exige sensibilité et prudence. Tout geste d'agitation n'indique pas une occultation d'informations ; une personne anxieuse peut manifester les mêmes signes de nervosité sans rien cacher. C'est pourquoi il est essentiel de considérer le contexte de la conversation et le comportement habituel de la personne. Comparer ses réactions dans différentes situations peut aider à identifier des schémas et des variations significatives.

La distinction entre dissimulation intentionnelle et occultation involontaire est fondamentale pour interpréter correctement les signes de communication. Tandis que certains cachent des informations pour manipuler ou induire en erreur, d'autres le font par peur du jugement ou pour éviter les confrontations. Comprendre cette différence peut éviter les malentendus et les jugements hâtifs. Le véritable défi ne consiste pas seulement à détecter les signes de dissimulation, mais à comprendre les motivations qui les sous-tendent. Cela exige un regard attentif et empathique, qui va au-delà de la surface et considère les facteurs émotionnels et contextuels qui influencent la communication.

La lecture de la dissimulation ne doit pas être utilisée comme un mécanisme d'accusation, mais comme un outil pour mieux comprendre les intentions et les émotions de l'interlocuteur. Dans de nombreuses situations, l'occultation peut être surmontée par des approches qui stimulent la confiance et réduisent le besoin de cacher des informations. Créer un environnement sûr pour la conversation peut révéler des vérités qui, autrement, resteraient cachées. Dans les enquêtes et les négociations, par exemple, la patience et l'écoute active peuvent amener une personne à s'ouvrir progressivement, révélant ce qu'elle a initialement tenté d'omettre.

La dissimulation fait partie intégrante de la communication humaine, utilisée tant pour la protection que pour la manipulation. Savoir l'identifier ne signifie pas seulement reconnaître les mensonges, mais mieux comprendre les nuances de l'interaction sociale. En développant cette perception, il est possible d'établir des connexions plus authentiques, d'éviter les malentendus et de renforcer les relations basées sur la transparence. Après tout, la vérité peut être cachée par des mots et des gestes, mais elle laisse toujours des traces pour ceux qui savent où chercher.

Chapitre 25
Détection de Mensonges

La capacité à détecter les mensonges est un art raffiné qui exige attention, patience et, par-dessus tout, un regard entraîné aux détails. Contrairement à ce que beaucoup imaginent, il n'existe pas un seul signe définitif qui révèle un mensonge. Il n'y a pas de geste isolé, de changement spécifique dans la voix ou de schéma infaillible qui dénonce la dissimulation. La véritable détection du mensonge réside dans l'observation d'un ensemble de signes qui, analysés en contexte, pointent vers des incohérences entre ce qui est dit et ce que le corps exprime.

Les experts en comportement humain comprennent que mentir est une activité cognitivement exigeante. Le cerveau doit construire un récit cohérent, s'assurer que les détails sont alignés et, en même temps, contrôler les signes non verbaux qui pourraient trahir la supercherie. Cet effort mental supplémentaire entraîne fréquemment de petits lapsus, des pauses inattendues et des micro-expressions qui s'échappent avant que la personne ne puisse les supprimer. Ce sont ces indices, subtils mais révélateurs, qui servent de pistes pour ceux qui savent où chercher.

L'observation de la ligne de base est la première étape fondamentale pour détecter les mensonges. Chaque individu a un schéma naturel de comportement, et tout écart par rapport à ce schéma peut être un signe que quelque chose sort de l'ordinaire. Quelqu'un qui gesticule normalement beaucoup en parlant, mais devient soudainement contenu et rigide pendant un témoignage, peut essayer de contrôler ses mouvements pour éviter de révéler sa nervosité. De même, une personne qui maintient habituellement un contact visuel fluide, mais commence à détourner le regard à des moments stratégiques de la conversation, peut être en train de traiter des informations fausses en temps réel.

Parmi les signes les plus courants de dissimulation figurent les micro-expressions involontaires. Quand quelqu'un ment, il peut afficher un instant des émotions contradictoires à son discours. Un éclair de peur avant d'affirmer son innocence, un léger froncement de sourcils en essayant de paraître calme ou un sourire qui se défait plus rapidement que la normale sont de petits indices qu'il y a un conflit interne entre la vérité et ce qui est verbalisé. Ces expressions durent moins d'une seconde, ce qui les rend difficiles à identifier sans entraînement, mais elles sont l'une des pistes les plus fiables pour percevoir un mensonge.

Un autre aspect important dans la détection du mensonge est l'analyse de la cohérence entre le discours et le langage corporel. Si une personne dit être tranquille, mais maintient les poings serrés et les épaules relevées, il y a une nette déconnexion entre ce qui est dit et ce que le corps exprime. Des mouvements de recul, comme s'incliner vers l'arrière ou croiser les bras après une question difficile, peuvent indiquer un désir inconscient de se distancier du sujet. De petits gestes d'auto-réconfort, comme se frotter les mains, toucher le visage à plusieurs reprises ou jouer avec ses cheveux, peuvent également être des signes de tension émotionnelle résultant de la nécessité de soutenir un mensonge.

L'utilisation des mains pendant la parole est un indicateur particulièrement révélateur. Les personnes qui disent la vérité ont tendance à gesticuler de manière naturelle, en alignant leurs mouvements sur le rythme de la parole. En revanche, les menteurs peuvent présenter des gestes contenus ou désordonnés, car l'esprit est concentré sur le contrôle du récit, rendant les mouvements plus mécaniques. Dans certains cas, l'absence de gesticulation peut être une tentative d'éviter que des signes de nervosité ne soient perçus. Dans d'autres, il y a un excès de gestes soulignant sa propre crédibilité, comme se frapper la poitrine en affirmant quelque chose ou lever répétitivement les mains en signe de prétendue franchise.

La voix subit également des altérations quand quelqu'un ment. Des changements subtils de ton, de vitesse de parole ou de volume peuvent indiquer du stress ou une tentative de manipulation. Certaines personnes accélèrent le rythme des mots pour passer rapidement sur une information inconfortable, tandis que d'autres font des pauses trop longues, comme si elles choisissaient chaque mot avec un soin extrême. Bégayer ou corriger des phrases en cours de route peut être le reflet de l'effort mental nécessaire pour soutenir le mensonge et éviter les contradictions.

Les pieds, fréquemment ignorés dans les analyses superficielles, peuvent être l'un des traîtres les plus fiables du mensonge. Des mouvements agités, des changements soudains de position ou le fait de pointer les pieds vers une sortie sont des signes que la personne souhaite mettre fin à la conversation ou fuir la situation. Ce désir d'évasion est un réflexe inconscient d'inconfort et peut être particulièrement utile pour détecter quand quelqu'un se sent menacé par son propre mensonge.

Le choix des mots peut également offrir des pistes précieuses. Les menteurs ont tendance à éviter les déclarations directes et peuvent recourir à des phrases vagues, comme "je pense que c'était comme ça" ou "pour autant que je me souvienne". De plus, ils peuvent exagérer l'utilisation d'expressions de renforcement, telles que "pour être honnête" ou "je jure sur tout", dans le but de convaincre l'interlocuteur de leur crédibilité. Une autre stratégie courante est la répétition des questions avant d'y répondre, une ressource utilisée pour gagner du temps et formuler une réponse convaincante.

La méthode la plus efficace pour détecter les mensonges combine l'observation de multiples signes simultanément. Un seul geste de nervosité peut être sans importance, mais s'il est accompagné de longues pauses, de changements de ton de voix et d'un regard évasif, l'ensemble de ces éléments augmente la probabilité que quelque chose soit caché. Les professionnels qui mènent des interrogatoires, comme les policiers et les enquêteurs, utilisent des techniques spécifiques pour provoquer des réactions spontanées, telles que des questions inattendues ou une reformulation subtile de la même question pour observer des divergences dans la réponse.

Cependant, même les meilleurs observateurs peuvent commettre des erreurs en interprétant les signes de mensonge. Le stress, la timidité et l'anxiété peuvent générer des comportements similaires à ceux de quelqu'un qui cache quelque chose, rendant essentiel de considérer le contexte avant de tirer des conclusions. Accuser quelqu'un sur la seule base du langage corporel peut être dangereux et injuste, car chaque personne réagit différemment à l'inconfort.

La détection du mensonge ne consiste pas seulement à trouver qui trompe, mais à mieux comprendre la dynamique de la communication humaine. Souvent, les gens mentent non pas pour tromper délibérément, mais pour se protéger, éviter les conflits ou adoucir des situations délicates. Comprendre les mécanismes de la dissimulation permet non seulement d'identifier les mensonges, mais aussi de développer une approche plus empathique et stratégique dans notre manière de traiter avec les autres.

La capacité à détecter les mensonges va donc au-delà de la simple indication d'incohérences ou de l'identification de signes de nervosité. Il s'agit d'une lecture attentive du contexte, de l'historique comportemental de l'interlocuteur et de la congruence entre le discours et l'expression corporelle. Plus qu'un outil pour confronter ou démasquer quelqu'un, cette perception peut être utilisée pour améliorer la communication, favorisant des interactions plus transparentes et constructives. Après tout, toute omission ou hésitation ne signifie pas une mauvaise intention ; parfois, elles reflètent simplement l'insécurité ou la peur du jugement.

La véritable valeur de la détection du mensonge réside dans son application stratégique. Les leaders, négociateurs, psychologues et enquêteurs peuvent bénéficier de cette compétence pour mieux interpréter les émotions et les intentions des personnes avec lesquelles ils interagissent. En percevant des signes d'inconfort ou des incohérences, il est possible de reformuler les approches, de poser des questions plus assertives ou de créer un environnement où la vérité peut émerger naturellement. Plus que de chercher à exposer le mensonge, l'objectif devrait être de comprendre pourquoi quelqu'un ressent le besoin de dissimuler et comment cela affecte la dynamique de la communication.

Au final, l'art de détecter les mensonges est, par-dessus tout, l'art de comprendre les gens. Savoir quand faire confiance, quand questionner et quand approfondir une conversation sont des compétences qui peuvent renforcer les relations et éviter les malentendus. La vérité, souvent, se trouve entre les lignes, et ceux qui savent observer les détails peuvent accéder à un niveau plus profond de perception humaine. Dans un monde où les mots ne reflètent pas toujours la réalité, la capacité de voir au-delà de ce qui est dit devient un atout puissant.

Chapitre 26
Interprétation Prudente

La lecture du langage corporel, lorsqu'elle est appliquée sans la prudence requise, peut conduire à des conclusions hâtives et même à des jugements erronés. L'idée qu'il est possible de déterminer avec une certitude absolue si quelqu'un ment ou cache des informations simplement en observant son comportement est une erreur. Bien que le corps révèle fréquemment des émotions et des intentions que les mots tentent de cacher, il est essentiel de comprendre que bon nombre des signes interprétés comme des indicateurs de tromperie peuvent également résulter d'autres facteurs, tels que le stress, l'anxiété ou des traits individuels de personnalité.

L'interprétation du langage corporel doit toujours tenir compte du contexte. Une personne qui détourne le regard pendant une conversation peut mentir, mais elle peut aussi simplement être timide ou introvertie. Croiser les bras peut indiquer une attitude défensive, mais peut aussi n'être qu'une position confortable pour la personne à ce moment-là. Les expressions faciales de tension ne sont pas exclusives à celui qui cache quelque chose ; elles peuvent refléter une préoccupation concernant un problème personnel sans aucun rapport avec le sujet de la conversation. L'erreur la plus courante lors de l'analyse de la communication non verbale est la généralisation excessive, où l'on suppose qu'un seul geste ou expression a toujours la même signification dans toutes les situations.

Pour éviter les interprétations erronées, il est essentiel d'observer la ligne de base comportementale de l'individu avant de tirer une conclusion. Chaque personne a son propre schéma d'expressions, de gestes et de postures qui se manifestent naturellement lorsqu'elle est détendue et dans un environnement neutre. Tout changement significatif par rapport à ce schéma peut indiquer une altération émotionnelle, mais la raison exacte de ce changement doit être analysée avec soin. Un observateur entraîné ne fait jamais de suppositions basées sur un seul signe ; au lieu de cela, il recherche des schémas de comportement et des incohérences tout au long de l'interaction.

Un autre facteur pouvant entraîner des erreurs d'interprétation est l'influence culturelle. Dans différentes parties du monde, les expressions faciales, les gestes et même le contact visuel peuvent avoir des significations distinctes. Dans certaines cultures, éviter le regard direct est un signe de respect, tandis que dans d'autres, cela peut être interprété comme de la malhonnêteté. De même, le contact physique entre interlocuteurs peut être un signe de proximité dans certains contextes, mais être perçu comme envahissant ou inapproprié dans d'autres. Ignorer ces différences peut conduire à des malentendus, en particulier dans les interactions multiculturelles où les normes sociales peuvent être très différentes.

L'émotion joue un rôle fondamental dans la manière dont le langage corporel se manifeste. La peur, par exemple, peut être confondue avec la culpabilité, en particulier dans des situations de haute pression, comme les interrogatoires ou les entretiens. Quelqu'un peut manifester des signes classiques de stress — respiration accélérée, mains moites, regard inquiet — simplement parce qu'il est nerveux face à la situation, et non parce qu'il cache quelque chose. Les personnes anxieuses peuvent présenter des signes qui, dans un autre contexte, pourraient être interprétés comme des tentatives de dissimulation. Cela montre que l'interprétation du langage corporel ne peut être faite de manière isolée ; elle doit être complétée par une analyse attentive du contexte émotionnel et situationnel.

Outre le contexte externe, il est important de considérer les facteurs internes qui peuvent influencer le langage corporel d'une personne. La fatigue, par exemple, peut faire paraître quelqu'un désintéressé ou distant, alors qu'il est simplement fatigué. Les maladies physiques peuvent également affecter la posture et les gestes, créant une fausse impression d'inconfort ou d'insécurité. Même le niveau de familiarité entre les interlocuteurs peut modifier la manière dont la communication non verbale se manifeste. Une personne peut paraître plus réservée et formelle en parlant à un inconnu, mais être extrêmement expressive et spontanée entre amis.

Les mythes populaires sur la lecture corporelle contribuent également aux interprétations erronées. L'une des erreurs les plus courantes est la croyance que celui qui ment détourne toujours le regard. Des études démontrent que ce n'est pas vrai ; de nombreuses personnes qui mentent parviennent à maintenir le contact visuel de manière convaincante. De même, le mythe selon lequel croiser les bras indique toujours une fermeture émotionnelle ignore le fait que cette posture peut n'être qu'une position confortable ou un reflet de l'environnement (par exemple, une pièce froide peut amener quelqu'un à croiser les bras pour se réchauffer). La lecture du langage corporel doit être basée sur des preuves et non sur des stéréotypes.

Les meilleurs observateurs sont ceux qui savent poser des questions stratégiques et analyser les réponses conjointement avec les signes non verbaux. Dans les situations où l'on soupçonne une dissimulation d'informations, l'idéal n'est pas de se fier aveuglément à un seul geste ou expression, mais plutôt de mener la conversation de manière à observer les schémas de comportement au fil du temps. Si une personne présente des signes de nervosité en répondant à une question spécifique, une méthode efficace peut consister à reformuler la question plus tard et à observer si la réaction se répète.

Le temps est également un facteur crucial dans l'analyse du langage corporel. Les réactions spontanées ont tendance à être plus authentiques que les réponses élaborées. Un petit retard dans la réponse ou un moment d'hésitation avant de répondre peut être un signe que la personne traite l'information ou construit un récit. Cependant, des pauses peuvent également survenir pour des raisons légitimes, comme le besoin de se souvenir d'un détail ou de trouver les mots justes pour exprimer une pensée. La différence entre un simple moment de réflexion et un signe de dissimulation réside dans la répétition du comportement tout au long de l'interaction.

La confiance excessive dans le langage corporel comme seule méthode de détection des mensonges peut entraîner des erreurs graves. Aucun geste ou expression, en soi, n'est une preuve définitive de tromperie. Même les professionnels expérimentés commettent des erreurs s'ils ne considèrent pas le contexte plus large. La lecture correcte de la communication non verbale doit être considérée comme un outil complémentaire et non comme un verdict absolu.

L'approche la plus efficace pour interpréter le langage corporel avec précision est d'adopter une posture de scepticisme sain. Cela signifie ne pas tirer de conclusions hâtives et toujours chercher plus d'informations avant de former un jugement. Les questions ouvertes, l'observation continue et la capacité d'ajuster l'interprétation au fur et à mesure que de nouvelles informations apparaissent sont des compétences essentielles pour toute personne souhaitant développer un regard plus affûté sur les signes du corps.

Comprendre que le langage corporel n'est pas une science exacte, mais plutôt un ensemble d'indices qui doivent être analysés conjointement, permet une application plus responsable de ces connaissances. La lecture corporelle, lorsqu'elle est faite avec discernement, peut aider à améliorer la communication interpersonnelle, à renforcer les relations et même à éviter les conflits. Cependant, lorsqu'elle est utilisée de manière superficielle ou dogmatique, elle peut devenir une source de malentendus et de jugements injustes.

La véritable maîtrise de l'interprétation du langage corporel ne réside pas seulement dans la capacité à identifier des gestes ou des expressions, mais dans la sensibilité à reconnaître leurs nuances et variations. En observant une réaction non verbale, l'observateur attentif ne se limite pas à la cataloguer comme un indice isolé d'un état émotionnel spécifique ; il l'insère dans un panorama plus large, en tenant compte d'aspects tels que l'histoire personnelle de l'individu, la situation dans laquelle il se trouve et même des facteurs environnementaux momentanés. Cette approche permet à l'analyse d'aller au-delà des suppositions superficielles, réduisant la marge d'erreur et rendant la communication plus empathique et efficace.

De plus, considérer l'interaction entre différents signes et la manière dont ils évoluent au cours de la conversation peut révéler des schémas significatifs. Le comportement humain n'est pas statique, et même les réactions inconscientes peuvent être modulées par le déroulement de l'interaction. Une réponse initialement évasive peut devenir plus ouverte avec le temps, de la même manière qu'un geste apparemment rassurant peut cacher, en réalité, un effort pour masquer un malaise. La capacité à percevoir ces transitions et à interpréter la communication non verbale comme un phénomène dynamique est un atout pour ceux qui souhaitent appliquer ces connaissances de manière responsable et précise.

En reconnaissant que le langage corporel n'est pas un code fixe, mais un reflet multifacette de la complexité humaine, un espace s'ouvre pour une compréhension plus profonde et moins biaisée des interactions. Éviter les jugements hâtifs et adopter une analyse prudente, contextuelle et flexible améliore non seulement la lecture des signes non verbaux, mais favorise également des relations plus authentiques et équilibrées. De cette manière, le véritable objectif de l'observation du langage corporel n'est pas seulement d'identifier d'éventuelles incohérences, mais de mieux comprendre les personnes dans leur totalité, en respectant leurs singularités et les circonstances qui façonnent leur communication.

Chapitre 27
Pratique Quotidienne

La lecture du langage corporel n'est pas seulement une compétence théorique, mais une compétence qui se développe avec l'observation continue et la pratique constante. Comme toute autre connaissance, seule l'exposition répétée à différents contextes et personnes permet à l'observateur d'affiner sa perception et d'augmenter sa précision dans l'interprétation des signes non verbaux. L'apprentissage véritable ne se produit pas seulement en absorbant des informations, mais en les mettant en pratique, en testant des hypothèses et en comparant les réactions observées avec les significations déjà connues.

La pratique quotidienne de la lecture corporelle commence par une attention pleine à l'environnement et aux interactions quotidiennes. De petits changements dans la posture, les gestes, les expressions faciales et le ton de la voix des personnes environnantes offrent un vaste champ d'étude, même dans les situations les plus triviales. Observer des amis, des collègues de travail, des membres de la famille ou même des inconnus dans des lieux publics peut être un exercice précieux pour identifier des schémas de comportement. Plus l'observateur entraîne sa perception, plus il devient facile de reconnaître quand quelque chose sort de l'ordinaire et peut indiquer des émotions cachées ou des intentions déguisées.

L'une des manières les plus efficaces d'améliorer la lecture corporelle est de choisir un aspect spécifique sur lequel se concentrer à chaque interaction. Dans une conversation, par exemple, on peut prêter attention uniquement aux expressions faciales de l'interlocuteur, sans se préoccuper initialement des gestes ou de la posture. À un autre moment, on peut se concentrer exclusivement sur les mouvements des mains ou la cadence de la voix. Cette méthode segmentée permet au cerveau de s'habituer à enregistrer et interpréter les informations non verbales sans surcharge, rendant la pratique plus naturelle avec le temps.

L'utilisation des médias comme outil d'entraînement peut également être un grand allié. Regarder des émissions d'interviews, des débats ou même des films sans son et essayer d'interpréter les émotions et les intentions des personnages uniquement par leur langage corporel est un exercice qui aiguise la perception. Particulièrement dans les interviews télévisées, où les participants sont sous pression et doivent maintenir une image publique, surgissent souvent des micro-expressions et de petits gestes qui contredisent leurs paroles. Comparer les expressions des interviewés avec leurs réponses verbales peut être une excellente manière de tester sa propre capacité à détecter les incohérences.

Une autre pratique utile est de s'observer soi-même. Souvent, nous sommes tellement concentrés sur l'interprétation des autres que nous oublions que nous transmettons également des signes non verbaux en permanence. L'utilisation de miroirs ou d'enregistrements peut aider à identifier ses propres schémas de posture, gestes et expressions faciales. Comprendre comment son propre corps réagit à différentes émotions et situations facilite l'identification de ces mêmes signes chez d'autres personnes. De plus, la conscience de son propre langage corporel permet des ajustements stratégiques pour améliorer la communication et la présence dans des interactions importantes.

Les lieux publics offrent des opportunités inestimables pour entraîner l'observation sans interférence. Dans les cafés, les transports en commun ou les places, il est possible de remarquer la dynamique corporelle des personnes sans avoir besoin d'interagir directement avec elles. La manière dont quelqu'un s'assoit, la façon dont il tient un téléphone ou même sa posture en marchant peuvent révéler beaucoup sur son état émotionnel. Quelqu'un assis avec les épaules courbées et la tête basse peut être découragé ou fatigué, tandis qu'un autre qui gesticule largement et sourit peut être excité ou engagé dans une conversation stimulante.

La lecture corporelle dans les interactions sociales peut également être améliorée par l'utilisation de questions stratégiques. Tester la réaction d'un interlocuteur en changeant de sujet ou en posant une question inattendue peut révéler des signes subtils d'intérêt, d'inconfort ou même de mensonge. Observer comment quelqu'un répond physiquement à certains sujets permet d'ajuster l'approche pour obtenir de meilleures réponses et rendre la communication plus efficace.

De plus, la répétition des interactions avec les mêmes personnes au fil du temps aide à créer une base de données personnelle sur leurs lignes de base. Si un collègue de travail est normalement expressif et bavard, mais qu'un jour donné il est plus fermé et évite le contact visuel, cela peut indiquer une altération de son état émotionnel. Ces variations peuvent fournir des aperçus précieux sur l'humeur et les préoccupations des autres, permettant des réponses plus empathiques et ajustées à la situation.

La patience est un élément essentiel dans la pratique quotidienne de la lecture corporelle. Les signes ne sont pas toujours évidents, et la précipitation à tirer des conclusions peut conduire à des erreurs. Certains changements de comportement peuvent être causés par des facteurs momentanés, comme la fatigue ou la distraction, et n'indiquent pas nécessairement quelque chose de plus profond. Le bon observateur apprend à distinguer les schémas cohérents des variations temporaires, évitant les interprétations hâtives et superficielles.

L'expérimentation contrôlée peut également être un outil puissant pour affiner la lecture corporelle. Modifier intentionnellement sa propre posture, expression ou ton de voix dans les interactions et observer les réactions des personnes environnantes peut aider à comprendre comment différents signes non verbaux affectent la communication. Par exemple, adopter une posture plus ouverte et détendue dans une conversation peut rendre l'interlocuteur plus réceptif, tandis qu'un ton de voix plus bas et posé peut transmettre plus d'autorité ou de sérieux.

Un autre exercice précieux est l'enregistrement des observations dans un journal de lecture corporelle. Noter les comportements remarquables observés au cours de la journée, ainsi que le contexte et les interprétations possibles, peut aider à consolider l'apprentissage. Revoir périodiquement ces notes permet d'identifier des schémas et de vérifier si les hypothèses initiales étaient correctes. Avec le temps, cette pratique améliore la capacité de reconnaissance rapide des signes et réduit la marge d'erreur dans les interprétations.

Dans l'environnement professionnel, la lecture corporelle peut être intégrée au quotidien pour améliorer les négociations, les entretiens et les réunions. Observer les réactions des collègues ou des clients lors d'une proposition peut fournir des pistes sur leur réceptivité avant même qu'ils ne verbalisent une opinion. De petits signes d'hésitation, comme toucher le visage ou éviter de répondre directement, peuvent indiquer des doutes ou des préoccupations qui n'ont pas encore été exprimées. Savoir identifier ces moments et ajuster l'approche peut être un avantage concurrentiel important.

Dans les relations personnelles, la pratique continue de la lecture corporelle peut renforcer les connexions et éviter les malentendus. Noter quand un ami ou un partenaire est mal à l'aise, même sans rien dire, permet d'aborder les questions de manière plus sensible et empathique. De même, comprendre ses propres signes non verbaux et comment ils affectent les autres peut rendre la communication plus claire et efficace.

La véritable maîtrise de la lecture corporelle ne provient pas d'une seule méthode ou technique, mais de l'intégration de diverses pratiques au fil du temps. Plus on observe, teste et analyse, plus la capacité à déchiffrer ce que le corps communique au-delà des mots devient affinée. L'apprentissage n'a pas de fin définitive ; il y a toujours de nouvelles nuances à découvrir et de nouvelles situations qui défient la perception.

L'amélioration continue de la lecture corporelle exige non seulement de la pratique, mais aussi une mentalité ouverte et flexible. À mesure que l'observateur se familiarise avec différentes expressions et gestes, il réalise que la communication non verbale est un vaste domaine, où chaque individu apporte des variations uniques basées sur sa personnalité, sa culture et ses expériences. De cette manière, au lieu de chercher des réponses absolutes, le véritable expert apprend à poser de meilleures questions, affinant sa perception sur la base de l'expérience accumulée. La lecture corporelle devient alors moins une recherche de formules et plus un exercice constant d'adaptation et de sensibilité.

Avec le temps, la pratique constante transforme la lecture corporelle en une ressource naturelle et intuitive. L'observateur n'a plus besoin d'analyser consciemment chaque détail, car son cerveau commence à reconnaître automatiquement les schémas et les incohérences. Cela permet à la communication de devenir plus fluide et stratégique, que ce soit dans la vie personnelle ou professionnelle. La capacité à percevoir de petits signes d'inconfort ou d'intérêt avant qu'ils ne soient verbalisés offre un avantage significatif, tant dans la construction de relations interpersonnelles que dans la prise de décisions plus éclairées.

Cependant, la véritable maîtrise ne se mesure pas seulement par la précision dans l'interprétation des signes, mais aussi par la responsabilité dans leur utilisation. La connaissance du langage corporel doit servir à renforcer la communication, à promouvoir l'empathie et à faciliter des interactions plus authentiques, et non comme un outil de manipulation ou de jugements hâtifs. La pratique quotidienne n'est donc pas seulement une question d'observation, mais d'amélioration de l'intelligence émotionnelle et du respect de l'autre, faisant de chaque interaction une opportunité d'apprentissage et de connexion authentique.

Chapitre 28
Vie Professionnelle

Le langage corporel est un outil puissant dans l'environnement professionnel, capable d'influencer les perceptions, de construire l'autorité et de faciliter les négociations. La manière dont une personne se présente, se déplace et interagit peut déterminer sa crédibilité et son efficacité en communication. Bien que de nombreux professionnels se concentrent exclusivement sur le contenu verbal de leurs messages, ceux qui maîtrisent la communication non verbale parviennent à transmettre confiance, empathie et leadership sans avoir besoin de beaucoup de mots. Dans le monde de l'entreprise, où les premières impressions et les dynamiques interpersonnelles sont cruciales, la lecture et le contrôle du langage corporel deviennent des compétences indispensables.

Le premier aspect à considérer dans le contexte professionnel est la posture. Une posture alignée, avec les épaules droites et la tête haute, communique autorité et confiance, tandis qu'une posture courbée ou rétractée peut transmettre insécurité ou désintérêt. La manière dont quelqu'un occupe l'espace influence également la perception des autres. Les individus qui utilisent des gestes expansifs et se positionnent de manière ouverte ont tendance à être perçus comme plus dominants et sûrs d'eux, tandis que ceux qui maintiennent bras et jambes croisés peuvent paraître fermés ou défensifs.

La poignée de main reste l'un des moments les plus symboliques de la communication professionnelle. Une poignée de main ferme, mais pas excessivement forte, démontre assurance et cordialité. En revanche, une poignée de main molle peut donner une impression de fragilité ou de manque d'engagement. La durée du contact importe également : des poignées de main trop rapides peuvent sembler précipitées et désintéressées, tandis que des contacts excessivement prolongés peuvent causer de l'inconfort. Observer la réaction de l'interlocuteur aide à calibrer l'intensité et l'adéquation du geste.

Le contact visuel est un autre facteur essentiel. Lors de réunions et de présentations, maintenir un regard ferme et engagé indique attention et respect. Cependant, un équilibre doit être trouvé. Des regards excessivement fixes peuvent être interprétés comme de l'intimidation, tandis qu'éviter le contact visuel peut suggérer un manque de confiance ou de transparence. L'idéal est un contact visuel intermittent, alternant entre le regard direct et de petites pauses pour ne pas générer d'inconfort.

Les gestes jouent un rôle crucial dans la communication des idées. Les professionnels qui utilisent leurs mains de manière contrôlée et expressive pendant leur discours sont souvent perçus comme plus dynamiques et persuasifs. Cependant, gesticuler excessivement ou de manière désordonnée peut distraire et diminuer la crédibilité. Les gestes qui renforcent les mots, comme des mouvements subtils accompagnant le rythme de la parole, augmentent la clarté de la communication. En revanche, les gestes sans rapport avec le discours peuvent paraître aléatoires et affaiblir le message transmis.

L'expression faciale a également un grand impact sur les interactions professionnelles. Un visage neutre peut être interprété comme un manque d'enthousiasme, tandis qu'un sourire sincère crée une connexion et de l'empathie. Des expressions tendues, comme des sourcils froncés ou des lèvres pincées, peuvent transmettre une préoccupation ou de l'impatience, même si la personne ne verbalise pas ces sentiments. Maintenir une expression ouverte et réceptive crée un environnement plus positif et collaboratif.

L'utilisation appropriée de l'espace physique influence également la perception dans l'environnement de travail. Les personnes qui occupent leur espace confortablement, sans se recroqueviller ni s'étaler excessivement, transmettent équilibre et confiance. Lors de réunions, s'incliner légèrement vers l'avant en écoutant un collègue suggère de l'intérêt, tandis que reculer brusquement peut indiquer un désengagement ou un désaccord. La manière dont quelqu'un se positionne à la table ou dans la salle peut signaler sa disposition à collaborer ou à diriger.

Le ton de la voix, bien que faisant partie de la communication verbale, porte des éléments non verbaux essentiels. La vitesse, le volume et l'intonation de la parole affectent la manière dont le message est reçu.

Parler de manière claire et posée transmet de l'assurance, tandis qu'un ton hésitant ou trop bas peut indiquer de l'insécurité. Des variations d'intonation rendent la parole plus engageante, tandis qu'un ton monotone peut désintéresser l'audience. Dans les négociations et les présentations, contrôler le rythme et la modulation de la voix peut augmenter significativement l'impact des mots.

La capacité à lire le langage corporel des collègues et des supérieurs est un avantage stratégique dans l'environnement d'entreprise. Observer des signes subtils d'accord ou d'hésitation permet d'ajuster les approches et les arguments en temps réel. Si un client croise les bras ou incline le corps vers l'arrière pendant une proposition, il peut manifester de la résistance ou du doute. Identifier ces signes précocement permet de rediriger la conversation, de clarifier des points ou de renforcer des arguments avant qu'une objection ne devienne définitive.

La dynamique du langage corporel se manifeste également dans la hiérarchie d'entreprise. Les leaders efficaces utilisent des postures assertives et des gestes contrôlés pour établir leur présence et inspirer confiance. Un leader qui reste ouvert et accessible, en maintenant le contact visuel et en démontrant une écoute active, favorise un environnement de travail collaboratif. D'un autre côté, un leader qui évite le regard, maintient des postures fermées ou se positionne de manière distante peut créer des barrières dans la communication avec son équipe.

Le miroir subtil est une technique efficace pour créer un rapport dans les interactions professionnelles. Ajuster discrètement la posture, les gestes et le ton de la voix pour refléter ceux de l'interlocuteur peut générer une sensation inconsciente de connexion et de compréhension. Cette stratégie est particulièrement utile dans les négociations, où établir un climat de syntonie peut faciliter les accords. Cependant, le miroir doit être fait de manière naturelle et spontanée, car des imitations exagérées peuvent paraître artificielles ou manipulatrices.

La perception du langage corporel aide également à éviter les conflits dans l'environnement de travail. De nombreuses discussions surgissent non pas à cause du contenu verbal des conversations, mais à cause de la manière dont elles sont menées. Des expressions faciales de dédain, des gestes impatients ou des postures indiquant le désintérêt peuvent générer du ressentiment et des malentendus. Être conscient de ses propres signes non verbaux et les ajuster pour maintenir un ton neutre ou conciliant peut éviter des escalades de tension inutiles.

Dans le contexte des entretiens d'embauche, le langage corporel joue un rôle déterminant dans l'impression que le candidat laisse. Outre les réponses verbales, les recruteurs évaluent des signes tels que la posture, le contact visuel et les gestes. Un candidat qui maintient une posture confiante, regarde l'intervieweur dans les yeux et répond avec des gestes contrôlés transmet crédibilité et professionnalisme. D'un autre côté, une agitation excessive, éviter le contact visuel ou maintenir les bras croisés peut donner l'impression de nervosité ou de manque de préparation.

La lecture corporelle est également utile pour évaluer la réceptivité d'un public lors de présentations ou de réunions. Si les auditeurs montrent des signes d'implication, comme s'incliner vers l'avant, faire de petites affirmations de la tête ou maintenir un contact visuel attentif, cela signifie que le message est bien reçu. En revanche, des signes tels que le détournement constant du regard, les bras croisés ou l'agitation suggèrent un désintérêt ou une résistance. Reconnaître ces signes permet d'ajuster l'approche, soit en rendant la présentation plus dynamique, soit en abordant directement d'éventuels doutes et préoccupations du public.

L'application du langage corporel dans l'environnement professionnel ne se résume pas à la manière de transmettre autorité et confiance, mais aussi à la capacité d'adaptation et de lecture des situations. Un professionnel attentif ne projette pas seulement une image forte et cohérente, mais perçoit également les nuances dans les comportements d'autrui, ajustant ses stratégies de communication si nécessaire. Cette sensibilité permet d'identifier les opportunités d'engagement, d'anticiper les défis et de construire des relations plus solides et productives. Le véritable différentiel réside dans la capacité à équilibrer assertivité et empathie, garantissant que sa présence soit perçue comme influente, mais aussi accessible.

De plus, la lecture précise de la communication non verbale peut transformer la manière dont les décisions sont prises et les conflits résolus. Une négociation réussie, par exemple, ne dépend pas seulement d'arguments rationnels, mais de la capacité à percevoir les subtilités dans le comportement de l'autre partie. De petits signes d'hésitation ou d'inconfort peuvent indiquer une résistance cachée, permettant des ajustements stratégiques avant qu'un refus définitif ne survienne. De même, un leader qui comprend le langage corporel de son équipe parvient à reconnaître les signes de démotivation ou de stress avant qu'ils ne deviennent des problèmes évidents, permettant des interventions plus efficaces.

Maîtriser le langage corporel dans l'environnement professionnel est un processus continu d'apprentissage et de perfectionnement. Chaque interaction offre de nouvelles opportunités pour tester, observer et améliorer cette compétence, rendant la communication plus authentique et stratégique. Plus qu'un avantage concurrentiel, comprendre et utiliser le langage corporel avec intelligence et éthique contribue à un environnement de travail plus harmonieux et collaboratif, où la clarté, le respect et l'empathie deviennent des piliers essentiels pour la croissance individuelle et collective.

Chapitre 29
Vie Sociale

Le langage corporel est une force invisible qui façonne la manière dont nous nous connectons aux autres. Dans l'environnement social, où les mots sont souvent insuffisants pour exprimer complètement ce que nous ressentons, les gestes, expressions et postures jouent un rôle déterminant dans la qualité des interactions. Contrairement à l'environnement professionnel, où la communication non verbale est utilisée stratégiquement pour construire crédibilité et influence, dans la vie sociale, elle opère de manière plus instinctive, régulant les connexions émotionnelles et renforçant les liens interpersonnels. Comprendre ces signes, tant ceux émis que ceux reçus, permet des interactions plus authentiques, aide à éviter les malentendus et crée une syntonie plus profonde entre les personnes.

La manière dont nous nous présentons visuellement et corporellement influence immédiatement la perception des autres. Une posture ouverte et détendue transmet accessibilité et intérêt, tandis qu'une posture fermée, comme les bras croisés ou les épaules courbées, peut suggérer désintérêt ou inconfort. Dans le contexte des interactions sociales, de petits ajustements de posture peuvent faire une grande différence dans la façon dont nous sommes accueillis. S'incliner légèrement vers l'avant pendant une conversation démontre implication, tandis que maintenir une distance excessive peut créer des barrières invisibles entre les interlocuteurs. L'espace personnel varie selon le contexte et la culture, mais la lecture attentive des réactions de l'autre permet des ajustements naturels pour que l'interaction se déroule harmonieusement.

Le contact visuel est l'un des facteurs les plus puissants dans la construction de la confiance et la création de liens interpersonnels. Dans les conversations informelles, maintenir un regard équilibré démontre intérêt et respect. Cependant, il est nécessaire de trouver un juste milieu entre le regard excessif, qui peut être interprété comme intimidant, et le contact visuel rare, qui peut donner une impression d'insécurité ou de désintérêt. Le regard intermittent, combinant moments de contact direct et brèves déviations, maintient la fluidité de la communication et évite les malaises. De plus, observer la dilatation des pupilles de l'interlocuteur peut fournir des indices subtils sur son niveau d'implication émotionnelle.

Les expressions faciales reflètent les émotions avec un niveau de sincérité que les mots n'atteignent pas toujours. Un sourire sincère, par exemple, illumine non seulement la bouche mais aussi les yeux, créant le fameux sourire de Duchenne, associé à des sentiments authentiques de joie et de connexion. En revanche, les sourires forcés ou qui n'impliquent pas la musculature oculaire peuvent être interprétés comme des signes d'inconfort ou de simple formalité. Pendant une conversation, des changements subtils dans les expressions peuvent indiquer des moments d'empathie, de surprise ou d'hésitation, et percevoir ces nuances permet d'ajuster le ton de l'interaction.

Les gestes des mains jouent également un rôle important dans la communication sociale. Des mouvements naturels et spontanés renforcent l'authenticité de ce qui est dit, tandis que des gestes excessivement calculés peuvent paraître répétés ou artificiels. Les schémas gestuels varient d'une personne à l'autre, et apprendre à identifier le style de gesticulation de l'interlocuteur aide à mieux interpréter ses émotions et intentions. Des mains ouvertes et tournées vers le haut indiquent généralement transparence et réceptivité, tandis que des mains fermées ou cachées peuvent suggérer réserve ou inconfort.

La synchronie corporelle, ou miroir, se produit inconsciemment lorsqu'il y a syntonie entre deux personnes. Quand nous sommes en harmonie avec quelqu'un, nous avons tendance à imiter subtilement sa posture, son rythme de parole et ses gestes, créant un reflet inconscient de l'interaction. Cette technique peut être utilisée consciemment pour établir un rapport et renforcer les liens sociaux. De petites imitations, comme adopter une posture similaire ou ajuster le ton de la voix à celui de l'interlocuteur, créent une sensation de familiarité et d'empathie. Cependant, le miroir doit se faire de manière naturelle et spontanée, car des imitations trop évidentes peuvent paraître forcées et même causer de l'étrangeté.

Le langage corporel aide également à détecter le désintérêt ou l'inconfort dans les interactions sociales. Quand quelqu'un commence à détourner son corps de l'interlocuteur, évite un contact visuel prolongé ou présente des gestes d'impatience, comme regarder répétitivement son téléphone portable ou bouger les pieds avec agitation, cela indique que la conversation n'est peut-être pas engageante. Ces signes subtils permettent d'ajuster l'approche, en changeant de sujet ou en mettant fin à l'interaction de manière courtoise avant qu'elle ne devienne lassante.

Les contacts physiques sont un autre aspect fondamental de la communication sociale, mais leur signification dépend fortement du contexte et de la relation entre les interlocuteurs. Des touches légères sur le bras ou le dos peuvent renforcer la connexion dans une conversation amicale, tandis que des touches excessives ou inattendues peuvent être perçues comme envahissantes. La lecture du langage corporel de l'autre, en particulier la réaction immédiate au toucher, aide à calibrer ce type d'interaction pour qu'elle soit appropriée et bien reçue.

La manière dont nous nous déplaçons dans un environnement social communique également des messages subtils. Marcher avec assurance et une posture droite suggère confiance et ouverture aux interactions, tandis que des pas hésitants ou des mouvements rétractés peuvent indiquer un malaise ou une insécurité. Lors d'événements sociaux, la façon dont une personne se déplace et interagit avec différents groupes révèle beaucoup sur sa disposition à s'impliquer activement dans la dynamique de l'environnement.

Les changements de langage corporel au cours d'une interaction peuvent indiquer des altérations de l'état émotionnel d'une personne. Si quelqu'un commence une conversation de manière animée, mais devient plus contenu et évite de gesticuler au fil du temps, cela peut signaler un changement d'humeur ou un niveau croissant d'inconfort. Être attentif à ces signes permet de réagir de manière appropriée, soit en donnant de l'espace à l'interlocuteur, soit en ajustant le ton de la conversation pour la rendre plus engageante.

Les différences individuelles jouent également un rôle dans la lecture du langage corporel lors des interactions sociales. Certaines personnes utilisent naturellement plus de gestes et d'expressions faciales, tandis que d'autres ont tendance à être plus contenues. Connaître le style communicatif de chaque individu aide à interpréter correctement ses signes et à éviter les conclusions hâtives. Ce qui peut paraître de la froideur ou du désintérêt chez une personne peut simplement être un trait de personnalité plus réservé.

La lecture du langage corporel peut également être appliquée dans des contextes de relations amoureuses, où les signes non verbaux expriment souvent plus que les mots. Le niveau de proximité physique, le contact visuel prolongé et les gestes subtils, comme s'incliner vers l'autre ou toucher légèrement le visage ou les cheveux, peuvent indiquer intérêt et attraction. D'un autre côté, des signes comme l'éloignement corporel, le manque de contact visuel et les postures fermées peuvent suggérer désintérêt ou inconfort.

La connaissance de soi est un aspect essentiel d'une communication sociale efficace. Être conscient de son propre langage corporel permet de l'ajuster pour transmettre les messages souhaités et éviter les signes qui pourraient être mal interprétés. De petits ajustements, comme maintenir une posture plus ouverte, sourire de manière authentique et démontrer un intérêt sincère pour l'interlocuteur, font une grande différence dans la façon dont nous sommes perçus par les autres.

La richesse du langage corporel dans la vie sociale ne réside pas seulement dans sa capacité à transmettre des messages, mais aussi dans la manière dont il renforce les connexions humaines. De petits gestes, comme un sourire sincère ou une légère inclinaison de tête pendant une conversation, peuvent transformer des interactions occasionnelles en moments significatifs. Quand nous devenons plus attentifs à ces signes, nous interprétons non seulement mieux les intentions d'autrui, mais nous ajustons également notre propre communication pour créer un environnement plus accueillant et harmonieux. L'authenticité est donc la clé pour que le langage corporel soit un allié dans la construction de relations plus profondes et satisfaisantes.

Outre la perception de l'autre, la conscience de sa propre communication non verbale permet des interactions plus équilibrées et intentionnelles. En percevant comment notre corps reflète émotions et pensées, nous pouvons éviter de transmettre de mauvais messages et renforcer la clarté de nos intentions. Cela devient particulièrement pertinent dans les moments de conflit ou d'inconfort, où des postures défensives ou des expressions d'impatience peuvent intensifier les malentendus. Ajuster le langage corporel pour exprimer réceptivité et empathie aide à désamorcer les tensions et facilite un dialogue plus productif.

Comprendre le langage corporel dans la vie sociale ne signifie pas seulement déchiffrer des gestes et des expressions, mais développer un regard plus attentif et sensible aux émotions et besoins des autres. La communication efficace va au-delà des mots et se fonde sur l'écoute active, le respect de l'espace d'autrui et la capacité à créer des connexions authentiques. Quand nous devenons plus conscients des signes que nous émettons et recevons, nous renforçons nos relations et rendons nos interactions plus naturelles et agréables, créant des liens qui transcendent le verbal et se fondent sur une véritable compréhension mutuelle.

Chapitre 30
Langage du Leader

La communication non verbale est l'un des outils les plus puissants du leadership. Les grands leaders ne sont pas seulement ceux qui savent bien parler, mais ceux qui savent se positionner, transmettre la confiance et inspirer leur équipe sans avoir besoin de beaucoup de mots. La manière dont un leader se déplace, la posture qu'il adopte, le contact visuel qu'il établit et même les petits gestes qu'il effectue ont un impact significatif sur la façon dont il est perçu. Le leadership va au-delà de ce qui est dit ; il se manifeste dans la présence que l'on construit, dans l'autorité silencieuse que l'on impose et dans la manière dont le langage corporel reflète sécurité, crédibilité et empathie.

La posture d'un leader est le premier élément qui transmet sa position d'autorité. Se tenir droit, avec les épaules alignées et le menton légèrement relevé, projette une image de confiance en soi et de contrôle. Une posture ferme, sans rigidité excessive, communique équilibre et stabilité, qualités essentielles pour quelqu'un qui doit inspirer et guider d'autres personnes. Les leaders peu sûrs d'eux ou mal préparés affichent souvent des postures rétractées, avec les épaules courbées ou des mouvements hésitants, ce qui peut compromettre la façon dont ils sont perçus. La manière dont le corps occupe l'espace environnant influence également l'impression qu'un leader laisse. Se positionner de manière expansive, sans exagération, démontre maîtrise et présence. En revanche, des postures fermées, comme croiser les bras ou garder les mains dans les poches, peuvent suggérer désintérêt ou défensive.

Le contact visuel est l'un des aspects les plus déterminants dans la communication d'un leader. Regarder directement les personnes en parlant transmet confiance et engagement. Un leader qui maintient un contact visuel équilibré en communiquant établit une connexion plus forte avec son équipe, garantissant que son message soit reçu avec attention et respect. Cependant, le contact visuel doit être naturel et intermittent ; un regard fixe et prolongé peut être perçu comme intimidant, tandis qu'éviter le regard peut indiquer un manque de confiance ou une déconnexion. Le secret est de maintenir un équilibre, en alternant des moments de regard direct avec de subtiles pauses pour créer un flux naturel dans l'interaction.

Les gestes d'un leader doivent être assertifs et cohérents avec son message. Des mouvements des mains qui accompagnent le discours de manière fluide et équilibrée renforcent la clarté de la communication. Un leader qui parle avec des gestes fermes et précis est perçu comme plus sûr et convaincant. En revanche, des gesticulations excessives peuvent détourner l'attention du message, tandis que l'absence de gestes peut rendre la communication froide ou distante. De petits ajustements dans les mouvements peuvent faire une grande différence. Montrer les paumes des mains, par exemple, transmet ouverture et transparence, tandis que pointer fréquemment les personnes peut être interprété comme un geste agressif.

L'expression faciale d'un leader doit refléter une cohérence émotionnelle. Le visage humain est un miroir des émotions internes, et un leader efficace sait utiliser ses expressions pour renforcer son message. Un sourire sincère peut rendre un environnement plus accueillant et accessible, encourageant la collaboration et la confiance au sein de l'équipe. En revanche, une expression neutre ou excessivement sérieuse peut créer une barrière émotionnelle, rendant difficile la connexion avec les subordonnés. L'équilibre entre sérieux et accessibilité est fondamental : un leader qui sourit aux moments appropriés démontre empathie et proximité, mais doit aussi savoir adopter une expression ferme et déterminée lorsque la situation exige de l'autorité.

Le ton de la voix, bien que faisant partie de la communication verbale, porte des éléments non verbaux qui impactent directement la perception du leadership. Un leader qui parle clairement, en variant l'intonation pour souligner les points importants, maintient l'attention de son équipe et renforce sa crédibilité. Le volume de la voix est également pertinent : parler trop bas peut démontrer de l'insécurité, tandis qu'un ton trop élevé peut être perçu comme agressif. L'idéal est de maintenir une projection vocale ferme et bien modulée, transmettant la confiance sans paraître autoritaire. Des pauses stratégiques pendant le discours créent de l'impact et permettent au message d'être assimilé plus efficacement.

La manière dont un leader se déplace dans un environnement communique également sa présence et son influence. Marcher d'un pas ferme et à un rythme modéré transmet détermination et contrôle. Des mouvements précipités ou hésitants peuvent suggérer de l'anxiété ou un manque de direction. Dans les interactions directes, s'approcher de manière équilibrée, en respectant l'espace personnel des interlocuteurs, crée un environnement de confiance et de collaboration. Le positionnement dans une pièce influence également la dynamique de la communication. Un leader qui se positionne face à son équipe, sans barrières physiques entre eux, transmet accessibilité et disposition au dialogue.

L'écoute active est l'une des compétences les plus importantes pour tout leader, et le langage corporel joue un rôle crucial dans ce processus. Démontrer de l'attention à ce que dit l'autre, en hochant la tête aux moments appropriés et en maintenant le corps légèrement incliné vers l'avant, renforce l'intérêt sincère pour la conversation. Des expressions faciales qui reflètent la compréhension et l'empathie aident à créer un environnement où les subordonnés se sentent écoutés et valorisés. En revanche, un leader qui détourne constamment le regard, croise les bras ou maintient une posture rigide peut donner l'impression de désintérêt ou d'impatience.

Le miroir, lorsqu'il est utilisé subtilement, peut renforcer la connexion entre le leader et son équipe.

Ajuster discrètement la posture et les gestes pour refléter le langage corporel de l'interlocuteur crée une sensation de syntonie et de compréhension mutuelle. Cette technique, appliquée naturellement, génère de la proximité sans paraître manipulatrice. Cependant, il est important que le miroir se produise spontanément, car des imitations forcées peuvent être perçues comme artificielles et produire l'effet inverse.

La gestion des conflits est l'un des moments où le langage corporel d'un leader devient encore plus crucial. Pendant une situation tendue, maintenir une posture ouverte et un ton de voix contrôlé aide à réduire la tension et facilite la résolution du problème. Des expressions faciales neutres, sans manifester de réactions exagérées, transmettent impartialité et professionnalisme. De plus, le choix du positionnement physique peut influencer le déroulement du conflit : être assis à côté de la personne, plutôt que directement en face, peut réduire la sensation de confrontation et faciliter une approche plus conciliante.

Le leadership se reflète également dans la manière dont un leader reconnaît et motive son équipe. De petits gestes, comme une poignée de main ferme ou une tape sur l'épaule lors de moments de reconnaissance, peuvent renforcer le lien entre le leader et les subordonnés. Des expressions faciales d'approbation et des gestes d'encouragement, comme un signe de tête positif, renforcent la valorisation du travail de l'équipe. En revanche, le manque d'expressivité ou l'absence de reconnaissance non verbale peut démotiver et créer une distance.

L'impact du langage corporel sur le leadership ne se limite pas seulement aux interactions en personne. Même lors de réunions virtuelles, la posture devant la caméra, le contact visuel simulé et les gestes modérés influencent la manière dont un leader est perçu. Rester visible à l'écran, éviter les mouvements excessifs et utiliser des expressions faciales appropriées contribuent à une communication efficace, même à distance.

Un leader efficace comprend que la communication non verbale est aussi importante que les mots qu'il choisit. Sa posture, ses expressions et ses gestes non seulement renforcent son message, mais façonnent également la culture et l'ambiance de l'équipe. Le langage corporel du leader définit la manière dont il est perçu : une posture ouverte transmet l'accessibilité, tandis que la fermeté du regard et des gestes communique la sécurité. De petits détails, comme une poignée de main confiante ou une expression d'encouragement, peuvent renforcer la motivation des subordonnés et créer un environnement où chacun se sent valorisé et engagé.

De plus, la cohérence entre le langage verbal et non verbal est essentielle pour consolider la crédibilité du leader. Les discours de motivation perdent leur impact s'ils sont accompagnés de gestes hésitants ou d'une posture fermée. De même, un ton de voix sûr et posé peut renforcer l'autorité d'un leader dans des situations difficiles. En période de conflit, la manière dont un leader se positionne physiquement, respecte l'espace des autres et maintient son calme influence directement la façon dont son équipe réagit et gère les défis. Le leadership efficace exige un équilibre entre fermeté et empathie, garantissant que les messages transmis inspirent confiance et respect.

Un grand leader ne se définit pas seulement par ses paroles, mais par la présence qu'il projette et par la manière dont il fait sentir les gens. Maîtriser le langage corporel ne signifie pas seulement démontrer de l'autorité, mais aussi créer des connexions authentiques et renforcer la communication interpersonnelle. Quand un leader prend conscience de l'impact de ses gestes et expressions, il devient non seulement un guide pour son équipe, mais une véritable source d'inspiration. Après tout, le leadership efficace ne s'impose pas, il se conquiert par la confiance, l'exemple et la capacité à communiquer de manière authentique et puissante.

Chapitre 31
Croissance Continue

La maîtrise de la lecture corporelle n'est pas une destination finale, mais un voyage d'apprentissage continu. Le langage non verbal est complexe, fluide et fortement influencé par le contexte, ce qui signifie qu'il y a toujours plus à observer, plus à comprendre et plus à améliorer. Même les plus grands experts dans le domaine ne cessent jamais leur évolution, car chaque interaction humaine présente de nouveaux défis et nuances qui exigent un regard attentif et adaptable. La croissance dans cette compétence ne dépend pas seulement de la connaissance théorique, mais de la pratique quotidienne, de la capacité à questionner les interprétations et de la disposition à apprendre de chaque expérience vécue.

La perception du langage corporel s'affine avec le temps, à mesure que l'observateur développe sa sensibilité pour capter les changements subtils dans les gestes, les expressions et les postures. Au début, l'attention peut se concentrer sur des signes plus évidents, comme les sourires, les bras croisés ou le contact visuel. Avec le temps, cependant, le regard devient plus aiguisé, capable de percevoir des micro-expressions fugaces, des variations dans la respiration ou de petits ajustements de posture qui peuvent indiquer un inconfort, un intérêt ou une dissimulation. L'avancement se fait graduellement, et la patience est l'un des facteurs les plus importants du processus.

L'enregistrement systématique des observations peut accélérer le développement de cette compétence. Tenir un journal de langage corporel, en notant les comportements perçus au cours de la journée, peut aider à identifier des schémas et à vérifier la précision des interprétations. En revisitant les notes antérieures et en les comparant aux développements des situations observées, l'individu peut tester sa propre capacité à prévoir les émotions ou les intentions sur la base des signes non verbaux. Cette pratique aide également à éviter l'une des erreurs les plus courantes chez les débutants : le jugement hâtif. L'interprétation du langage corporel ne doit jamais être basée sur un seul geste isolé, mais plutôt sur l'observation d'un ensemble de signes dans un contexte plus large.

La recherche de feedback est également un moyen efficace d'améliorer la lecture corporelle. Demander à des amis, des membres de la famille ou des collègues de travail leurs perceptions dans certaines situations peut révéler des divergences entre ce qui a été observé et ce qui se passait réellement dans l'esprit de l'autre personne. Cet exercice permet d'ajuster les interprétations et de mieux comprendre comment différents individus expriment les émotions de manière unique. Chaque personne possède son propre style de communication non verbale, et ce qui peut sembler un signe d'inconfort chez une personne peut n'être qu'un trait comportemental habituel chez une autre.

L'élargissement du répertoire d'interactions est également fondamental pour la croissance continue. Observer le langage corporel dans différents contextes — des réunions formelles aux rencontres informelles, événements sociaux ou même conversations décontractées dans des lieux publics — offre une vision plus complète des diverses formes d'expression humaine. L'exposition à différentes cultures, styles de communication et dynamiques interpersonnelles contribue à la construction d'une connaissance plus affinée et moins sujette aux biais personnels.

L'adaptation est un autre pilier essentiel dans le développement de la lecture corporelle. Aucune technique n'est absolue, et aucune interprétation n'est infaillible. La flexibilité pour reconsidérer les analyses et ajuster les perceptions en fonction de nouvelles données est ce qui distingue un observateur attentif de quelqu'un qui se fie aveuglément à des règles fixes. L'esprit humain est complexe, et le langage corporel reflète cette complexité de manière imprévisible. Dans certaines situations, un sourire peut réellement indiquer un bonheur sincère ; dans d'autres, il peut être un bouclier pour masquer l'insécurité ou l'inconfort. Le secret réside dans la reconnaissance de la fluidité de ces manifestations et dans l'évitement du piège des interprétations rigides.

La pratique d'exercices spécifiques peut renforcer davantage la capacité de décodage du langage corporel. L'un des exercices les plus efficaces consiste à regarder des vidéos d'interviews ou de discours publics et à analyser la cohérence entre les mots et les gestes des participants. Observer des politiciens, des chefs d'entreprise ou des personnalités publiques pendant qu'ils parlent peut révéler comment le langage corporel influence la crédibilité d'un message. Le défi est d'identifier les moments où le corps semble contredire le discours verbal, comme une affirmation de confiance accompagnée d'un geste d'incertitude.

Un autre exercice utile consiste à essayer de prévoir l'état émotionnel d'une personne avant qu'elle ne verbalise un sentiment. En observant un ami ou un collègue avant une conversation, il est possible d'évaluer sa posture, sa respiration et ses expressions faciales pour tenter de déduire s'il est excité, fatigué, anxieux ou concentré. Ce type de pratique entraîne la perception et aide à valider sa propre intuition sur la base de signes concrets.

La connaissance de soi joue également un rôle fondamental dans la croissance continue. Plus une personne comprend son propre langage corporel, plus elle parvient facilement à percevoir et interpréter celui des autres. S'enregistrer en vidéo lors d'une présentation ou répéter différentes postures et gestes devant le miroir peut révéler des aspects de la communication non verbale qui passent normalement inaperçus. Ajuster consciemment sa propre posture, son ton de voix et ses expressions faciales améliore la clarté de la communication et permet une interaction plus efficace avec les autres.

La patience est un facteur essentiel pour le développement de la lecture corporelle. Aucun observateur ne devient expert du jour au lendemain, et le progrès se fait par petites avancées accumulées au fil du temps. Plus la pratique est naturelle, plus l'apprentissage sera efficace. Forcer l'observation ou tenter d'analyser chaque petit geste de manière compulsive peut conduire à des interprétations erronées et même à une anxiété inutile dans les interactions sociales. L'idéal est de permettre que la connaissance s'intègre graduellement au quotidien, devenant une seconde nature plutôt qu'une préoccupation constante.

L'éthique dans l'utilisation de la lecture corporelle doit également toujours être prise en considération. Utiliser ces connaissances pour manipuler ou induire des comportements peut être préjudiciable et contraire à l'éthique. La véritable utilité du langage corporel réside dans la construction de relations plus authentiques, dans l'amélioration de la communication interpersonnelle et dans la capacité à mieux comprendre les émotions et les besoins des autres. Observer sans juger, interpréter sans condamner et utiliser ces connaissances de manière empathique sont des principes essentiels pour garantir que la lecture corporelle soit un outil de connexion et non de contrôle.

L'apprentissage continu peut également être enrichi par l'étude de nouvelles recherches et de matériaux sur le comportement humain. Les livres, articles scientifiques, cours et conférences sur la psychologie, les neurosciences et la communication non verbale offrent de nouvelles perspectives et approfondissent la connaissance sur la manière dont les expressions et les gestes sont traités par le cerveau humain. La science du langage corporel est en constante évolution, et ceux qui souhaitent devenir maîtres dans l'art de l'observation doivent suivre les avancées et les découvertes dans le domaine.

    La lecture corporelle, lorsqu'elle est développée avec dévouement et intelligence, devient une compétence transformatrice. Elle permet de mieux comprendre les personnes environnantes, de renforcer les relations, d'éviter les conflits et d'améliorer sa propre communication. Mais sa vraie valeur réside dans la connexion humaine qu'elle rend possible. Voir au-delà des mots, capter les émotions non dites et interpréter ce qui se cache dans les détails subtils du comportement est un privilège qui élargit la perception du monde et des personnes qui y habitent.

    La véritable maîtrise de la lecture corporelle ne consiste pas seulement à identifier des gestes ou des expressions, mais à développer une sensibilité authentique pour comprendre les émotions et les intentions derrière chaque mouvement. À mesure que cette compétence évolue, l'observateur réalise que le langage non verbal n'est pas un code fixe, mais un flux dynamique de signes qui varient selon le contexte et l'individualité de chaque personne. Cette croissance continue n'exige pas seulement des connaissances, mais aussi de l'empathie et une disposition à voir au-delà des apparences. Plus on pratique, plus la perception s'affine, permettant des interactions plus authentiques et profondes.

De plus, le parcours d'apprentissage de la lecture corporelle ne doit pas être considéré comme une quête de certitudes absolues, mais comme une amélioration constante de l'intuition et de la compréhension humaine. Les erreurs font partie du processus, et chaque interprétation erronée offre une opportunité d'apprentissage. Le plus important n'est pas la perfection dans l'analyse, mais la disposition à ajuster les perceptions et à s'adapter à de nouvelles informations. Le véritable observateur ne lit pas seulement les signes du corps, mais apprend aussi à lire entre les lignes des émotions, comprenant que chaque individu a sa propre manière de s'exprimer.

La croissance continue dans la lecture corporelle n'est pas seulement une question technique, mais un exercice d'humanité. En comprenant mieux les autres, nous développons également une plus grande conscience de nous-mêmes et de l'impact de notre propre communication. Cette compétence, lorsqu'elle est utilisée avec éthique et sensibilité, renforce les liens, améliore la coexistence et nous permet de naviguer dans le monde avec un regard plus attentif et généreux. Après tout, plus que déchiffrer des gestes, le véritable art de la lecture corporelle réside dans la reconnaissance et le respect de la complexité et de la beauté de l'expression humaine.

Épilogue

En fermant ce livre, quelque chose reste ouvert. Il ne s'agit pas seulement de pages lues, de concepts compris ou de techniques assimilées. Ce que vous venez de vivre est une traversée silencieuse à travers des territoires qui semblaient auparavant invisibles. Chaque geste, chaque regard, chaque inclinaison corporelle révélée au long de cette lecture a planté des graines dans votre perception. Et maintenant, ce qui fleurit est une nouvelle manière de voir — plus profonde, plus consciente, plus réelle.

Vous avez été invité à sortir du pilote automatique de la communication. Vous avez été guidé, chapitre après chapitre, à travers un langage qui a toujours été présent, mais que peu se permettent de déchiffrer. Le corps humain, avec sa sagesse ancestrale et sa précision instinctive, s'est révélé comme une carte émotionnelle. Une carte qui non seulement indique des chemins pour comprendre l'autre, mais aussi pour accéder à des dimensions cachées de soi-même.

Au long de cet ouvrage, vous avez appris à observer au-delà de ce qui est dit. À écouter le silence. À traduire les signes. À reconnaître la cohérence ou la rupture entre le discours et le corps. Et, plus important encore, vous avez appris à respecter le contexte, la culture et la singularité de chaque être humain. Parce que la véritable maîtrise de la lecture corporelle ne naît pas du jugement, mais de la compréhension empathique.

Il n'y a pas de fin à l'art de la perception. La lecture corporelle n'est pas une destination, mais un processus — vivant, dynamique et continu. Tout comme les émotions changent, les comportements se transforment également. Ce qu'aujourd'hui vous reconnaissez comme un signe, demain pourrait être une invitation à repenser, à observer de nouveau, avec plus de sensibilité et moins de hâte. Après tout, voir profondément exige pratique, humilité et présence.

Peut-être la plus grande révélation de ce voyage est-elle celle-ci : le corps dit ce que l'âme n'ose pas dire. Chaque expression inconsciente, chaque mouvement involontaire, porte l'écho de vérités gardées. En reconnaissant ces fragments d'authenticité, vous vous approchez de l'autre avec plus de compassion — et de vous-même avec plus de courage.

À ce stade de la lecture, la connaissance n'appartient plus seulement à l'intellect. Elle s'installe dans votre écoute. Elle vit dans votre regard. Elle habite votre posture lorsque vous entrez dans une pièce. Elle se manifeste dans votre pause face à une réaction. Elle respire avec l'autre dans une conversation difficile. Elle vous accompagne, silencieusement, comme un guide intérieur.

Et maintenant, il vous appartient de pratiquer ce qui a été éveillé. Dans les environnements professionnels, cette sagesse sera une alliée puissante : négociations, entretiens, leadership et équipes gagneront de nouvelles nuances. Vous serez capable d'anticiper les malaises, de renforcer la confiance, de construire l'autorité avec naturel. Plus que bien parler, vous saurez communiquer avec intégrité.

Dans la vie personnelle, les liens deviendront plus authentiques. Vous percevrez ce qui n'a jamais été dit par les mots. Vous sentirez, dans le regard d'un ami, ce qu'il tente de cacher avec un sourire. Vous offrirez du réconfort sans avoir besoin de parler. Vous direz "je suis là" par la présence du corps, même dans le silence. C'est la beauté du non-verbal : il connecte sans exiger de performance.

Et en vous-même, vous pourrez appliquer les leçons les plus puissantes. Ajuster votre propre posture pour vous sentir plus confiant. Reconnaître vos signes de tension avant que le stress ne se manifeste. Identifier vos gestes d'insécurité et, avec gentillesse, accueillir les émotions qui se cachent derrière eux. Le corps devient alors un instrument de connaissance de soi et d'autorégulation.

Mais souvenez-vous : observer n'est pas surveiller. Interpréter n'est pas contrôler. Et connaître le langage corporel n'est pas le manipuler — c'est l'honorer. Parce que chaque geste porte une histoire, chaque regard porte une intention, et chaque silence est une chance d'écouter ce qui se trouve au-delà de la surface.

Ce livre se termine, mais votre chemin ne fait que commencer. La prochaine conversation que vous aurez, la prochaine poignée de main, la prochaine rencontre de regards... tout cela ne sera plus jamais pareil. Vous emporterez avec vous le pouvoir de percevoir l'invisible. De vous positionner avec plus de vérité. De construire des relations plus humaines.

Et quand, à un moment donné de votre vie, quelqu'un vous regardera et dira : "Tu me comprends, même sans que je dise rien" — vous saurez que le voyage en valait la peine.

www.ingramcontent.com/pod-product-compliance
Lightning Source LLC
LaVergne TN
LVHW040052080526
838202LV00045B/3597